作者 完成

目錄

前言

一般而言，不少的讀者似乎不太在乎每本書的「前言」，大都把之視為可有可無的一個「附件」。然而，本書一開始卻想提醒您，此書的前言部分是為往後的內容作鋪墊的，讀者必須先看過一遍，才能明白往後之事的來龍去脈。

自從 2019 年底開始，人類進入了與冠狀病毒生死共舞的日子以來，似乎地球的時空被罩上了一層層的濃雲厚霧，叫人既難以透氣，又看不清前景。

於是，我們就看到現在網站上有不少的人，都把眼睛盯在古今中外各式各樣的預言上，盼望在當前魚目混珠的信息迷魂陣中尋答案、找出路。畢竟，誰不想得到「高人」的指點，在惶惶不可終日的困境中，找到一條切實可行的生路呢？

本書之宗旨，也離不開這樣單純樸實的想法，與大家一起探討一下，這個當前人人都關心的人類到底何去何從的課

題。只不過，我們採用了一種別開生面的方式，把東西文化合在一起，抽取其中的精華，爲讀者描繪了一幅簡單明瞭、生動實用的圖畫。

在西方文化中，我們選用了具有代表性的聖經《啟示錄》；在東方文化中，我們選用了約五百年前，一個韓國人所寫的一本名爲《格庵遺錄》的預言書。據說，該書是一個名叫南師古的人，記錄了一位神人所說的話而成，南師古的別名叫「格庵」，所以他的這本書，也就名正言順得了個《格庵遺錄》的名字。

若照漢字的說法，「格」指樹木的長枝條；「庵」同「闇」字，與「暗」字相通，是「閉門」的意思。也就是說，《格庵遺錄》就像一連串長長的竹卷，裡面隱藏了有關末世的奧祕，就等待著世界大同即將到來的時候，才爲人類打開。而現在正是揭開《格庵遺錄》神祕面紗的時刻了。

令人難以思議的是，據說這本在五百年前問世的預言書，在成書之後只是極少數人的「傳家寶」，外人根本不知道有這麼一回事。直到上世紀的八十年代，才有韓國人把之整理出來放到市面上，以及翻譯成爲其他的外文流傳於世。

換句話說，這本亮相至今還不到半個世紀的奇書，可以說是專門爲著末世的人量體裁衣而做的。而且，儘管本書的字看懂的人並不少，但眞正理解其中含義的人卻不多，這就更增添了正確、客觀解讀這本預言書的複雜性。

如果說，末世的社會特點就是眞眞假假的信息太多，混水摸魚的現象大行其道，那麼，《格庵遺錄》應末世混亂之運而重見天日，倒是名符其實說得通。

《格庵遺錄》這本書，令人嘖嘖稱奇的神祕之處，在於下面被揭示出來的事實：該書是全部以詩歌的形式出現的，一共有 60 篇，每一篇都帶有題目。而在這 60 篇的詩歌題目中，有好幾篇是直接用聖經中的書卷題目命名的。

比方說，第十篇賽三十五、第十一篇賽四十一、第十二篇賽四十三、第十三篇賽四十四、第十四篇羅馬書二、第十六篇林前……等等。

熟悉聖經的人，一看就知道以上這些題目，一目了然無非就是聖經《以賽亞書》第三十五章、第十一章、第四十一章、第四十三章、第四十四章、《羅馬書》第二章、《哥林

多前書》……等等的翻版而已。而且查看其中相關的內容，都可以看到它們是與聖經一一對應的。

不僅如此，《格庵遺錄》中的不少字句，都是從聖經裡面引用過去，熟悉聖經的人一看就明白。但是，對於從來還沒有接觸過聖經的人，一碰到這些由聖經轉過來的題目，或與聖經有關的字眼就懵了。哪怕是多少年來，一直在《格庵遺錄》裡面打滾的人士，也無法滲透其中的奧祕。

這就告訴我們，《格庵遺錄》這本預言書，是結合了東西文化的內涵而出的。它的裡面引用了漢字及韓語的同、諧音字，必須對之有所了解，並且同時熟悉漢字拆字的技巧，才能解開許多字句的含義，從而更增加解讀該書的難度。

然而，只要我們掌握了聖經的基本知識，以及對中國傳統文化，特別是漢字的基本結構有所認識，就得以事半功倍滲透該書的奧祕。因此也看出，它乃當前古今中外諸多預言書中的一大重器，可以造福於全人類。

最後，值得一提的是，韓國是當今世界上獨一無二的國家，從西方文化的角度來看，目前韓國的基督徒人數是亞

洲中占比例最高的，甚至於擁有全世界最大的教會。韓國
向世界各地派出的宣教士的人數，僅次於美國。同時，就
向全世界宣教所覆蓋的國家面積來說，韓國也是最大的。

而就東方文化而言，從世界地圖上來看，中國好比是一唱
天下白的雄雞，而韓國就像它那長長的雞嘴；韓國的國旗
及國徽，都一目了然以易經文化中的陰陽魚爲標記。光憑
這一些，你就可以看到中國文化的根源，與這個國家的關
係有多深。

也許，這正是《格庵遺錄》會在韓國問世的原因所在。未
來的大同世界東西方必然走到一起。所以，任何對未來人
類歷史走向所發出的預言，如果違背此一原則的話，恐怕
聽一聽可以，但該不該信則是另外一回事了。

本書的宗旨，是把西方的文化，以聖經的《啓示錄》爲
主，與東方的文化，以《格庵遺錄》爲代表，結合在一
起，從而探討未來人類及時代的走向。明白了這一點，接
下來我們就可以逐一進入主題了。

一、但以理眼中的大像

在聖經的《但以理書》之中，記載了作爲先知身分的但以理，向當時的掌權者巴比倫王尼布甲尼撒，解開一個他所作之夢的故事。

它說的是巴比倫王在夢中見到的一個甚高、極其光耀的大像。「這像的頭是精金的，胸膛和膀臂是銀的，肚腹和腰是銅的，腿是鐵的，腳是半鐵半泥的」。並「見有一塊非人手鑿出來的石頭，打在這像半鐵半泥的腳上，把腳砸碎。於是金、銀、銅、鐵、泥、都一同砸得粉碎，成如夏天禾場上的糠秕，被風吹散、無處可尋。打碎這像的石頭，變成一座大山充滿天下」。

這個夢中的大像到底該如何解釋呢？一直以來，對之深感興趣的人不在少數，有的從人類以往歷史上已經發生的事實，有的從現代歷史的角度，百花齊放地各抒己見。下面就讓我們從不同的層次，來看看這個大像帶來的啓示。

1、從人類古代的歷史看大像

下面，我們摘錄了一篇網上的文章，從歷史的角度讓你知道，人們對這個大像與過去的人類歷史，是怎麼連在一起去理解的：

夢中顯然是以金頭代表巴比倫國，存在的年代是公元前605 到 539 年。

這另興的一國就是指銀的胸臂所代表的第二個大帝國瑪代波斯，它在公元前 539 年 10 月 12 日毀滅了巴比倫帝國，存在的年代是公元前 539 到 331 年。

這銅的腹腰所預表的第三個大國，也就是指的馬其頓王亞歷山大所一手創建的希臘帝國，它在公元前 331 年毀滅了瑪代波斯帝國，存在的年代是公元前 331 到 168 年。

這鐵腿所預表的第四國，就是指的羅馬帝國，它在公元前 168 年毀滅了馬其頓希臘國。存在的年代是公元前 168 年到公元 476 年。

當公元 476 年西羅馬帝國滅亡時，在它的領土上正好被侵占、分割、形成了十個王國，它們的名稱和地點如下：（一）盎格魯・撒克森（英國），（二）法蘭克（法國），（三）阿勒曼尼（德國），（四）倫巴地（奧國），（五）布根地（瑞士），（六）蘇維（葡萄牙），（七）西哥特（西班牙），（八）東哥特（義大利東北部），（九）黑如萊（義大利本土），（十）汪達爾（非洲北部）。

羅馬不但按照預言所說分裂成十國，也即演變到今天的西歐各國，而且羅馬所以會分裂成許多小國的原因、過程與將來的情況，也都一一應驗了預言的細節。如預言中說：「你既見鐵與泥攙雜，那國民也必與各種人攙雜，卻不能彼此相合，正如鐵與泥不能相合一樣。」

注：摘錄自《路光網站》中，「但二章大像的預言——世界歷史的終局」一文。

如果你煩於去弄清以上這些國家或日期的資料，只要記住一點就行了，但以理所看見的這個有關大像的異像，已經不折不扣地兌現了。

2、從現代歷史看大像

當我們站在現代歷史的角度，來看《但以理書》中所敘述的大像時，最前面的金頭可以把之簡單理解爲獨裁的專制制度；銀的胸膛和膀臂則代表帶有民主憲政的味道；

而銅的肚腹和腰，則暗示當人類歷史越來越走向末世的階段，自高自大、僞善欺詐的手段，越來越變本加厲摻雜在人類的行爲之中時，距離神大審判的日子也就不遠了。

至於那半鐵半泥的腳，則正好一針見血對著當前人類所面對的現實社會而言。它是指從第一次世界大戰之後，在地球上逐漸形成的「半鐵半泥」的兩大陣營——即推行「鐵幕」政策的社會主義陣營，及推行民主政策的資本主義陣營。

當這兩大陣營隨著上個世紀八、九十年代，雙方冷戰的結束而分崩離析的時候，歷史就進入了但以理所預言的半鐵半泥的「腳趾頭」的時代——也就是目前我們所處的時代。

這一個時代的特點是「鐵與泥攙雜，那國民也必與各種人攙雜，卻不能彼此相合，正如鐵與泥不能相合一樣」。

這不正是我們目前所見的情形嗎？搞獨裁的，鬧民主的，彼此都到了一起。表面上地球村裡的人來來往往，骨子裡卻互相勾心鬥角，你欺我詐，恨不得把對方一口吃掉而後快。

但是，這種情形也維持不了多久，因為，一旦歷史走到了「腳趾頭」，離這個大像被「非人手鑿出來的石頭」打碎的時刻，還會遠嗎？

現在，甚至於可以說，我們就處在十個腳趾的「趾甲」部位，一旦它們也完成了自己的歷史使命，還有什麼能夠挽回整個大像轟隆一聲，碎倒在地的結局呢？

也就是說，人類未來所要面對的，並非是以往一直掛在人們嘴巴上，帶有換湯不換藥意味的所謂改朝換代，而是徹頭徹尾的脫胎換骨出死入生的變化。

3、從中國的歷史看大像

頗有意思的是，中國人一直引以為傲的數千年歷史，如果
照著《但以理書》中的大像模式，同樣也可以看到從唐朝
開始，各個朝代的特點及更換，就好比大像的金、銀、
銅、鐵、泥，彼此一一對應。

其中，素有大唐盛世之稱的唐朝，乃是中國歷史的黃金時
代，相當於金；接下來的宋朝有北宋、南宋之別，相當於
帶著軟弱的銀之特色。當年在中東崛起的瑪代波斯帝國，
不是同樣也由瑪代和波斯兩大部分合成，並帶著銀那軟性
的特色嗎？

而由銅所代表的元朝，是一個短命的朝代，騎在馬上打天
下的成吉思汗，與同樣也靠在馬上得天下，英年早逝的希
臘開國帝王亞力山大，幾乎是同一個模子裡打造出來的
人。

還有，同樣差不多維持了二百多年的明朝和清朝，則像當
年東、西羅馬帝國兩條長長的鐵腿，一直來到了數千年的

封建王朝終於落幕的時刻，那就是進入半鐵半泥的所謂雙腳的時代了。代表鐵的共產黨和代表泥的國民黨，各自扮演著自己充當的角色，在歷史舞臺上伴隨著國際半鐵半泥之腳的步伐，不斷走向自己的歷史終結點。

今天，海峽兩岸及施行一國兩制的港澳地區的實際狀況，無非表明我們正活在十個腳趾的階段，甚至於已經處在腳趾甲的部位了。如果說，代表西方世界的大像就即將壽終正寢，那麼，代表東方的「大像」又怎能一枝獨秀地崛起或存在呢？

要知道，東西方就如易經的陰陽魚，它們是陽中有陰，陰中有陽地互相交合著才能存在，失去了任何一方，另外的一方也必然無法存活。明白了這一點，才算認識了東西「大像」帶給我們的重大啟示，以及看清前面人類走向世界大同的趨勢。

4、大像的結局告訴我們一些什麼？

有關這個大像最後的結局,《但以理書》是這樣說的,「有一塊非人手鑿出來的石頭、打在這像半鐵半泥的腳上、把腳砸碎、於是金、銀、銅、鐵、泥、都一同砸得粉碎,成如夏天禾場上的糠秕,被風吹散無處可尋。打碎這像的石頭變成一座大山充滿天下」。

這一清二楚地告訴我們,當金、銀、銅、鐵、泥所做的大像被砸得粉碎時,並不意味著這個世界就完了;而是恰恰相反,從天而降的一塊石頭,變成了一座大山充滿天下,取而代之替換了原來大像的位置。

相信,至今還沒有聽過「世界末日」這幾個字的人並不多,並且聽過「世界大同」這幾個字的人也不少,然而如果說,這兩個似乎牛頭不對馬嘴,一壞一好黑白分明的對立概念,實際上它們是無法分離的連在一起,彼此有互相效力之功,恐怕就少有人能認同這樣的想法了。

但是,倘若我們把大像的消失當成世界末日去理解,把石

頭變成充滿天下的大山的景象，當成世界大同的美好圖畫
去欣賞，那豈不是馬上就悟解到世界末日，與世界大同之
間的密切關係嗎？

縱然所謂的世界末日，冥冥之中似乎是上天早已定好的，
但人發揮自己的自由意志怎麼想，實際上怎麼行，才是世
界末日或世界大同的真正分水嶺。

也就是說，若人在意識層面把未來與世界末日緊緊掛鉤，
那最後跑不了會掉進世界末日的陷阱裡；而時刻把世界大
同的圖畫刻在自己腦海裡的人，最後必然會活出公義正直
的人生，讓神無所畏懼的大愛，驅走自己身邊所有的愁雲
鬱霧，未來必在大同世界裡面，享受自由自在的燦爛陽
光。

從今以後，每當聽到或想到「世界末日」時，你的第一反
應必須是：太好了！過去「狼來了」的話聽多了，自欺欺
人的結局都不好。但是，現在知道世界末日的到來，同時
也是世界大同的開始，那豈不是好得很嗎？

所以，不管「狼」什麼時候來，也不必擔心狼來了該怎麼

辦，你只要記得，「狼」字的右邊是一個「良」字，只要人心中除去對狼之犬性的懼怕感，就沒有什麼能夠奪取世界大同在你心中，那份良善、美好和平安的感受。

現在的人幾乎個個都落在世界末日的悲慘陰影中過日子，讓世界大同的號角聲把人震醒，昂首挺胸邁向人類歷史上空前絕後的嶄新文明時代吧！

一、但以理眼中的大像

二、七王八王的模式

聖經是古今中外獨一無二的預言書，因為照聖經學者、專家們的研究，記載在聖經上的幾百個大小預言，大概已經有 97% 的預言得了應驗，僅有 3% 的預言還在等待著答案。這些有待證實的預言大都記載在《啓示錄》上，並且與耶穌的再來有關。換句話說，它們是與所謂的世界末日，或世界大同緊密聯繫在一起的，因此自然也就成了本書探討的主題。

在《啓示錄》的第 17 章提到一個話題，說的是《啓示錄》的作者約翰，在異象之中看到一個畫面，有一隻七頭十角的獸，而這七頭實際上是指當時羅馬帝國的七個王，其中有「五位已經傾倒了，一位還在，一位還沒有來到。他來的時候，必須暫時存留。那先前有，如今沒有的獸，就是第八位。它也和那七位同列，並且歸於沉淪」。

這就是所謂七王與八王的預言。下面，就讓我們結合當前世界上幾個主要大國的實際情況，來看看此一預言帶給我

們的啓示。

1、由羅馬帝國開始建立的模式

對於當年的羅馬帝國來說，羅馬帝國的開國皇帝奧古斯都於公元前 27 年創元首制，開始了羅馬帝國時期。隨後有四位羅馬皇帝提貝裡烏斯、卡利古拉、克勞狄烏斯上臺，直到第五代的暴君尼祿爲止，這就是啓示錄中所提到的五個已經傾倒了的王。

公元 68 年，當羅馬帝國逼迫基督徒而臭名遠揚的暴君尼祿被推翻後，羅馬局勢陷入了混亂。單單在公元 69 年的一年當中，就更換了四位皇帝（史稱四帝內亂期），他們是加爾巴、奧托、維特裡烏斯，最後由軍人韋維斯帕薌擊敗各方勢力，建立了弗拉維王朝。

對於當時還活著看到異象的約翰來說，照著四帝內亂期先後上臺的三位皇帝的順序而言，他所面對的是第六代的羅馬皇帝加爾巴，包括尼祿在內的五位皇帝都屬於已經傾倒

了的王，而還沒有上臺的第七位皇帝奧托，以及第八位皇帝維特裡烏斯，他們都是活在同一年代的人，並且最後也在同一年沉淪死亡。

由此而來，我們就可以看到羅馬這七王八王的統治時期，有一個明顯的特點，那就是前面的五位王都死去了，但後面的幾位卻曾經同活在一個時期。

當我們把此一模式運用到現代歷史之中，就可以發現它是一塊頗可靠的試金石，只要明白這一點，一旦來到了七王八王的位置，大概八九不離十，最後他們「沉淪」的日子必近在眼前。從而，讓我們得以客觀地判斷，人類歷史的車輪已經輾轉到什麼地方了。

2、從天主教的教宗預言看七王八王

相信不少人都在網上看到過一個所謂的教宗預言，說的是十二世紀有一位叫馬拉奇的主教，預先看到了上帝的大審判到來之前的 112 位教宗的情形，並羅列了一連串的人物

清單，被天主教當做寶貴的遺產密封起來。

據說其預言的命中率還挺高的，雖然有的時候免不了要當一下事後諸葛亮，才悟解原先所發的預言到底是什麼意思。

撇開前面的教宗不談，如果照馬拉奇預言所說，最後的一位教宗就是現任的方濟格，表明我們現在是進入七王八王的最後位置了。

若反過來從方濟格算起，往上直推到第八位，就落在第104 位教皇本篤十五世身上，教宗預言中說他是「受苦的教宗」。這位教宗死於 1922 年，22 是希伯來字母的最後一個，帶有「十字架」的含義，和末世持守真正信仰的人要「受苦」，倒是不謀而合的一致。

而且，這位「受苦的教宗」死於 1922 年，一百年後的 2022 恰好是明年，那是《格庵遺錄》中提到的未來動盪十年的開始，冥冥之中這一些似乎巧合卻不偶然，你說是嗎？

接下來的幾位就不多談了，但排在方濟格之前的三位還是

值得一提：第 109 位教皇約翰保羅一世、第 110 位教皇約翰保羅二世、第 111 位教宗本篤十六世，因爲他們的生死經歷都與以往的教宗大不一樣。

第 109 位教皇約翰‧保羅一世的預言，與「沉思的月亮」連在一起。他在位僅 33 天就過世，大概暗示他的死是與月食或月暗的時段有關；

第 110 位教皇約翰‧保羅二世的預言，與「太陽的工作」連在一起。這位教皇的生日和葬禮都發生日食，這不禁使我們想到，現在的人喜歡把日食、月食的異象，當作是世界末日來臨的記號去看待，難道我們不也可以把這兩位與日、月掛鉤的教皇之生死，當成一個與世界末日有關的因素去思考嗎？

第 111 位教宗是本篤十六世。照天主教的規矩，一般來說都是現任的教宗死了，才選出新的教宗繼任。但本篤十六世卻是一個例外，他是六百多年來，第一位主動提出辭職的教宗，而且至今已經九十多歲仍然活著。這也許是應了七王八王原始的規定，起碼要安排最後的兩位活在相同的時段裡。

倘若眞是如此的話，我們就要明白末代教宗方濟格乃是一個時代結束的標記。所以，在他之前的三位教宗，都一一在爲他的眞實身分作認證的背書。一旦方濟格過世的話，人類文明難道還能掉頭轉身，容許天主教落進另外一次，類似中世紀一般的黑暗輪迴中去嗎？

3、從基督教的「家譜」看七王八王

根據猶太拉比的說法，希伯來人的先祖亞伯拉罕生了兒子以撒，以撒又生了一對雙胞胎以掃和雅各，以掃代表現在世界上的基督教，而雅各則代表正統的猶太教。

不管你是否認同這樣的說法，我們卻發現，在聖經《創世紀》的第 36 章記載了一份以東的王譜。「以東」也就是以掃，所以這乃是一份與以掃有關的家譜。這份王譜從 36 章第 31 節開始，至第 39 節結束，它是這樣寫的：

以色列人未有君王治理以先，在以東地作王的記在下面：比珥的兒子比拉在以東作王，他的京城名叫亭哈巴。比拉

死了，波斯拉人謝拉的兒子約巴接續他作王。約巴死了，毯螞地的人戶珊接續他作王。戶珊死了，比達的兒子哈達接續他作王。這哈達就是在摩押地殺敗米甸人的，他的京城名叫亞未得。哈達死了，瑪士利加人桑拉接續他作王。桑拉死了，大河邊的利河伯人掃羅接續他作王。掃羅死了，亞革波的兒子巴勒哈南接續他作王。亞革波的兒子巴勒哈南死了，哈達接續他作王，他的京城名叫巴烏。他的妻子名叫米希她別，是米薩合的孫女，瑪特列的女兒。

如果你數一下在該家譜中出現的王，不多不少是八個人，你看，又和七王八王的事連在一起了。

如此一來，我們不禁會想到，當今世界上哪一個國家可以成為基督教國家的代表呢？不必多言，相信大家都會想到非美國莫屬。那麼，我們下面就來看一看，美國總統的名單，是否也與七王、八王碰到一起呢？

在進入主題之前，我們必須說明一點，在《創世紀》的第36 章的以東王譜中，出現了大量的人名和地名，這些看似枯乾無味的人、地名裡面卻像沙漠甘泉一樣，充滿了智慧的啟示含義。所以，我們必須把之弄明白，才能把該王譜

中的人，與現實社會中的美國總統一一對上號。

首先，第一位以東王叫比拉，他的京城叫亭哈巴。「比拉」一名的意思是「毀滅」，「亭哈巴」的意思是「將審判交給你」。對照尼克森之後的美國總統，只有一個人的所作所為與比拉的「毀滅」，及「將審判交給你」相匹配，那就是上任時已經七十多歲的雷根總統。他在任的期間，致力於毀滅前蘇聯的共產勢力，從而導致了後來東歐社會主義陣營的土崩瓦解。當我們把這第一個王的對應問題給解決了，剩下之王的對號入座都將順水推舟迎刃而解。

第二位以東王叫「沙巴」，此名的意思是「沙漠」，使人一下子就想到了發起中東沙漠之戰的老布希總統；

第三位以東王叫「戶珊」，此名的意思是「急速」，對應于克林頓總統。相信現在有不少美國人還在懷念克林頓的時代，就因為他急速地改變了美國的經濟狀況，給老百姓留下了美好的印象，哪怕後來他出了性醜聞也彈劾無效，無法把之趕下臺；

第四位以東王叫「哈達」，是「吶喊、大能」的意思；他的京城名叫「亞未得」，是「廢墟」的意思。這第四位王對應於小布希總統，他從頭到尾一手處理了 911 的事件，恐怕至今一提起當年 911 的事件，世貿大樓變廢墟的恐懼鏡頭，仍然叫人掉淚吶喊，久久難以抹平傷痕。

第五位以東王叫「桑拉」，此名的意思是「衣服」，帶有「外面」的含義；桑拉來自「瑪士利加」，此地名帶有「葡萄園、茶色、帶紅色」的含義，正好對應于奧巴馬總統的膚色，與以往的白人總統不一樣。

第六位以東王叫「掃羅」，熟悉聖經的人對掃羅一名都不陌生，舊約中的掃羅是以色列的第一位王，虛有其表卻不怎麼真正認識神；新約的掃羅原來是一名熱心迫害基督徒的宗教人士，後來皈依耶穌改名為保羅，成了一個名符其實的基督徒及不辭勞苦的宣教士。

照著順序，這第六位以東王，對應於剛剛在美國大選中敗北的川普總統，但因為這次美國大選引起的風波的確是太大了，誰也難以對川普的政治生涯下結論。這就像他到底是舊約的掃羅，還是新約中已經改了名的掃羅，除了神自

己，又有誰真能看得清，辯得明？

第七位以東王叫「巴勒哈南」，此名的意思是「憐憫的主」，他對應現任的總統拜登，為什麼他的名字會和「憐憫的主」連在一起呢？

如果我們仔細查看這段王族家譜的細節，可以發現「亞革波的兒子」這一片語，同時與第六王掃羅和第七王巴勒哈南連在一起。也就是說，掃羅和巴勒哈南對應川普和拜登，這兩個人都不約而同地跟「亞革波」拉上了關係。這其中又隱藏了什麼特別的奧祕呢？

原來，「亞革波」的意思是「老鼠」，對應於中國農曆的鼠年即子年。來自網上的信息說了這麼一件事：1840 農曆庚子年，當時的美國總統哈裡遜，因為殘殺印第安人的領袖而遭來了受害者的一個毒咒，說是從 1840 庚子年算起，往後每當 60 年一遇庚子的年分時，在該年當選的美國總統必死在任期上。

果真，當時的總統哈裡遜首當其衝，任職一個月就因病而亡。隨後 1900 年的麥金萊總統、1960 年的甘尼迪總統，無

一不是在庚子年當選，而隨後在任上遭刺殺而亡。如果
說，這所謂的庚子咒詛是如此厲害的話，那麼 2020 庚子年
無論是川普還是拜登勝出，當選的人在職之年就難免凶多
吉少了。

如果說，在所有就任時的美國總統中，年紀最大的是接近
80 歲高齡的拜登，不管是否因庚子咒詛而不幸在任上死去
的話，想一想，若面對如此有的人沮喪，有的人暗喜的事
實，你認為川普是這次當選好，還是落選好呢？

可見「憐憫的主」早就看透了未來的真相，作為普通的受
造者，怎能去理解或論斷造物主的作為呢？

第八位以東王叫「哈達」，此名的意思是「榮譽」。在以上
所提及的八位以東王中，他是最後的一位王，與上面所提
到第四位以東王「哈達」同名，但卻不是同一個人。然
而，他們彼此之間卻有著密切的關係，不然聖靈不會平白
無故做這種張冠李戴的事。

值得注意的是，在提到第八位王哈達的名字之後，同時又
提及其妻子的名字——米希他別，此名的意思是「神所愛

的」；他的京城名叫「巴烏」，是「喊叫」的意思，而這裡的喊叫，是特別對著產婦分娩時因陣痛而發的喊叫聲而言。顯然，這是在暗示我們，這最後一王的出現，是與主耶穌第二次降臨一事有關的，連產婦臨盆的喊叫聲都可以聽得到了。

那麼，這最後的第八位王，又該跟哪一位的美國總統掛上鉤呢？

聖經《以賽亞書》的第 22 章 20—25 節提到：「到那日，我必召我僕人希勒家的兒子以利亞敬來，將你的外袍給他穿上，將你的腰帶給他繫緊，將你的政權交在他手中。他必作耶路撒冷居民和猶大家的父。我必將大衛家的鑰匙放在他肩頭上。他開，無人能關；他關，無人能開，我必將他安穩，像釘子釘在堅固處；他必作為他父家榮耀的寶座，他父家所有的榮耀，連兒女帶子孫，都掛在他身上，好像一切小器皿，從杯子到酒瓶掛上一樣。萬軍之耶和華說：當那日，釘在堅固處的釘子必壓斜，被砍斷落地；掛在其上的重擔必被剪斷。因為這是耶和華說的。」

這裡所說神的僕人以利亞敬，似乎就是指著以東的第八位

王哈達而言，換言之，可能就是對著東山再起的川普說的。事實真相如何，就讓我們拭目以待好了。

這第八位王，也是美國的最後一位總統，無論如何，至此我們可以看到美國的總統，無疑也是按照七王八王的模式在運作的。所以，不管最後的第八位總統是誰在當家，最後「沉淪」的結局將是無法避免的事。換句話說，人類歷史走到了這一步，任何以往的政治制度都無法適應未來世界大同的需要，就只好順從時代潮流退出歷史舞臺了。

4、從俄羅斯的演變看七王八王

上個世紀的二月革命，吹響了共產主義在世界登臺亮相的號角聲。列寧在俄國建立了世界上的第一個信仰無神論的獨裁政權。到了上個世紀的 90 年代初，隨著柏林圍牆的倒塌，東歐的社會主義陣營四分五裂，前蘇聯的政權也土崩瓦解。

在蘇聯解體之後，改旗換名的俄羅斯換湯不換藥，實際上

仍然堅持原來的獨裁政體之宗旨不放，儘管在體制的改革上開始施行所謂的總統制。在宗教信仰方面，原來被無神論政權打壓的東正教，似乎也得到了鬆綁喘一口氣的機會。所以，俄羅斯可以說是活在鐵和泥混雜的末世階段的一個典型代表。

無論如何，如果我們從前蘇聯的開國元首列寧算起，接下來具有影響力，或多為人知的領袖人物有史達林、赫魯雪夫、勃列日涅夫、戈爾巴契夫、葉利欽、普京、梅德韋傑夫等人。如今現任的總統普京，一手策劃了他和前任梅德韋傑夫之間，總統和總理的角色互換，可以算是真正從復活裡面出來的「第八位」。

由此而來，我們可以明顯地看到七王八王的模式，同樣也在俄羅斯身上發生效應。也就是說，不管普京是一位何等強勢的鐵杆人物，最後的一棒交到他手裡，是俄羅斯完成其歷史使命的時候了。

5、從中國大陸看七王八王

自從上個世紀 20 年代，共產黨在中國成立之後，歷經革命初期與國民黨的國內戰爭、八年的抗日戰爭、以及後來的解放戰爭之後，成了中國大陸唯一的執政黨。在這些年代裡，出現了不少的領袖人物，這裡我們都撇開不談。

下面，我們僅從中華人民共和國成立的 1949 年算起，第一任的党主席是毛澤東，接下來先後當過党的最高領導人（開始叫主席，後來改名叫總書記），不管任職的時間是長是短，至今一共有 7 位。他們是華國鋒、鄧小平、胡耀邦、趙紫陽、江澤民、胡錦濤、習近平。

看看，若把毛澤東也算進來是八位，七王八王的模式又出現了。

不管是西方還是東方，想做美國夢還是中國夢的人比比皆是，然而，隨著七王八王的到來，似乎他們在提醒我們，日頭已經升到早上 7 點 8 點的位置了，一直活在夢中的人也該醒一醒了。畢竟，七七八八之後就是九九歸一，一個

嶄新的時代就要從一開始了。

6、從中華民國看七王八王

1911 年轟動整一個神州大地的辛亥革命之後，1912 年中華民國正式誕生，孫中山成爲中華民國的第一任臨時大總統。隨後，從中國北方出來的軍伐袁世凱、黎元洪、張勳、彭國璋、許世昌、曹錕等六個人，或長達幾年，或短僅十天左右坐過總統的寶座。如果把孫中山這個臨時大總統也算進去的話，不多不少恰好是「七王」。

實際上，中華民國早期和北方軍閥混在一起的歷史，現在已經少有人去留意它。大家都心知肚明孫中山，他才是正統的中華民國的開山鼻祖。

在家喻戶曉的《推背圖》第 40 象中，有一句「生我者猴死我雕」的話，是對著國民黨所代表的中華民國說的。它的意思是暗示，這裡的「猴」乃孫中山的代名詞，因爲「猴猻」本同類，也就是對著孫中山的姓「孫」而言。由此可

見，國民黨把中華民國給生出來，除了孫中山之外，還有誰可以當得起「國父」之名呢？

在孫中山之後，排在其後面的中華民國的接班人，當國民黨在大陸執政的時期，有蔣介石、李宗仁；當國民黨退守到臺灣之後，繼蔣介石之後有蔣經國、李登輝、馬英九，加上後來民進黨上臺執政，如果把陳水扁、蔡英文二人也算進去的話，不多不少是八個人。看看，它又和「七王八王」碰上了。

值得一提的是，在上面所提到的《推背圖》，「生我者猴死我雕」那句話中的「雕」字，有人解讀爲「雕」就是「鷹」，而「鷹」與「英」同音，所以順水推舟就把之推到了已經下臺的馬英九的身上。

這樣的說法並非沒有道理，從孫中山算到馬英九是第七位，正是七王八王該退出歷史舞臺的時候。頗令人深思的是，現在身居第八位的蔡英文，她的名字與馬英九一樣，中間也是一模一樣的「英」字。這是否意味著不管是力求維持正統的國民黨，還是一心想搞台獨的民進黨，哪一個「英」上臺都一樣，冥冥之中跑不了充當「死我雕」的角

色，最後為已經活了一百出頭的中華民國送終呢？

隨便一提，現在世界上比較出名的國家，幾乎都與七王八王之模式，或明顯或差不多地掛上鉤。這說明整一個世界的天平，都向著世界末日及世界大同的這一邊傾倒，已經是不待多辯的事實。

7、從以色列看七王八王

猶太人自從公元 70 年羅馬軍隊血洗耶路撒冷之後，就被拋到世界上的各個角落，經過近兩千年流離失所的生活，於 1948 年奇蹟般的在中東複國，建立了以色列這個國家。

以色列的總統是由國會議員選舉的國家元首，但權力僅是象徵性的，實權乃是掌握在總理的手裡。不過總統卻有權決定總理的人選。

無論如何，就名義而言，總統還是算老大，總理算老二，由此一來，我們就來看一看，如何把七王八王的原則，應

用到以色列總統的身上。畢竟，猶太人作為神的選民，在這樣一個事關人類未來走向的重要事件上，神不可能讓之缺席或「棄權」。

於是，我們就看到「正式」的以色列總統（有 4 位任期不滿一年的代理總統不算在內），從首任總統哈伊姆·魏茨曼開始，直至現任的總統以撒·赫爾佐格，一共有 11 人，其中的埃澤爾·魏茨曼排在第 7 位的位置，在所有的以色列總統中，只有他和現任總統以撒·赫爾佐格兩個人，是出自工黨。

所以，若把這兩個屬於工黨的總統，當作是七王八王去看待，豈不是順理成章的事嗎？

而且，數字 7 和 11 都是代表千禧年的，所以把排在第七和第十一的兩位總統連在一起看，是天經地義的事。

多少年來猶太教與基督教，一直存在著解不開的心結，從這個角度來看，在 7 和 11 之間隔著 8、9、10 三個數字，這就好比兩大宗教之間在認知上的差異；

而 8+9+10=27，數字 27 帶有大結局的含義，它與排在舊約聖經第 27 卷的《但以理書》，及排在新約聖經第 27 卷的《啓示錄》一一對應，它們都與耶穌的降臨有關。這意味著，大部分的以色列人都不認耶穌就是他們心目中，日思夜想的彌賽亞；當耶穌再次降臨之時，把人類帶進千禧年之日，以色列人才恍然大悟是怎麼一回事。

當以色列全家得救時，也就是以色列的七王八王，完成自己歷史使命的時刻，和世界各國的「七王八王」，同時宣告退出舊的歷史舞臺，這豈不是普天同慶的大好事嗎？

8、從韓國看七王八王

最後，我們來看《格庵遺錄》的出生地——韓國，又是如何與七王八王連在一起的。雖然其具體的情況看起來複雜了一些，但仍然跑不出七王八王的模式。

最早，從 1919 到 1948 年，稱之爲大韓民國臨時政府時期，一共出過七位總統（大統領），具體的人名就不提了，你只

要記住一開始就有七王亮相即可；

中間，從 1948—1988 年，是第一共和國到第五共和國的時期，每一個共和國出現一位總統，一共有五位，李承晚、樸正熙是其中多為人知的佼佼者，這些人也可以不必記得；

最後，是 1988 年至今的第六共和國的時期，一共出現了八位總統，其中的第五位是李明博，第六位是朴槿惠，她是樸正熙的女兒，大概不少人還記得這位女總統鬧出的政治醜聞，最後遭到了彈劾；第七位是文在寅，這幾位現在都還活著，與羅馬帝國創建七王八王時的情形相似。

而現任的總統尹錫悅是 2022 年才上臺的，若照韓國的總統只能當五年的規矩，那他 2027 年就得下臺了。倘若正如《格庵遺錄》所言，2024—25 年是南北韓統一的日子，那麼，現任的總統尹錫悅可能到時，就真的成為「末代皇帝」了。

無論如何，你可以看到最前面的七位總統，與第六共和國的八位總統，成了不折不扣的七王八王。韓國可以說是用

聖經中的雙重見證，爲七王八王的客觀性背書，使之成爲人類末後歷史走向的可靠方向標。

講完了七王八王的南韓，再回過頭來看看可以算爲「例外」的北韓。至今維持了 70 多年之久的朝鮮金家王朝，是照著封建王朝的世襲傳統，形成了金日成——金正日——金正恩，父子孫三代直接相傳的權力轉移。

這其中的奧祕，可能是在暗示我們，無神論者的金氏父子孫三人，無非是三一眞神的假冒模式。它說明不管是七王八王，還是來自封建帝王之家的「祖傳」三代，當世界走到進入千禧年天翻地覆的時刻，舊有的一切必將壽終正寢。

值得一提的是，《格庵遺錄》的第 58 篇〈末初歌〉中，有一處提到：「困龍之後代續故，花開二十又二春，不知其法何解得，二十二春若不知，廿二眞人覺知之。」

它的意思是說，韓國的現代歷史，一共會出現 22 位領頭人物。照以上所談到的，我們可以看到南韓從一開始到現今，一共經歷了 20 任的總統；而北韓則有金家 3 代，合起

來一共 23 人。那麼，《格庵遺錄》的預言中說有 22 位，而現實中卻出現了 23 個人，這又該如何解釋呢？

其實不難明白，如果說，2024—25 年南北韓統一，就相當於兩邊的領導人合 2 為 1，不多不少就完全合乎「二十二春」或「廿二真人」，即與數字 22 一拍即合。可見，整個韓國的國情，一點不差也是按著七王八王的原則在運作。

同時，這不禁使我們又想到了，《格庵遺錄》這本預言書誕生於韓國，會不會是三一神的一個特別安排，讓世人從中去領悟：半個多世紀以來，被三八線分割為兩個部分的北韓和南韓，無非是世界東、西方二元對立的一個縮影。

隨著世界末日的到來，這種分割和對立必將冰消云散，當南、北韓同時投身於世界大同的懷抱時，人類才猛然醒了過來，過去繞了一個大圈，付出了多少的鮮血和淚水為代價，才認識到改變人自以為是的舊三觀有多重要，又有多難。

如今，以往一切的無知、過失和錯誤都不要再犯或留戀了。因為，世界末日的考驗就在眼前，世界大同的曙光也

在前面，整理好自己的頭緒，才能迎接即將到來的挑戰。

二、七王八王的模式

三、世界末日到底是怎麼一回事？

看了上面的文章後，大概你明白了，我們已經活在人類歷史即將天翻地覆的節骨眼上了。這並非如過去人們所想的，所謂換湯不換藥的改朝換代，而是像過去的電話機與今天的智能手機之間，「有限」與「無限」的天淵之別。所以，接下來不容得人願不願意「換機」，都回不去那被淘汰了的有線舊機的年代了。

而且，全球性的七王八王都已經各就各位，宣告接下來的時代，不是誰當皇帝，也不是當個明君或昏君的問題，而是在沒有皇帝存在的環境時，即使想當也做不成了。這時，人類就要碰到及面對所謂世界末日的問題。

實際上，不少人並不明白世界末日到底是怎麼一回事。要想弄清楚此事的真相，我們首先必須了解，為什麼有末日這件事，它是無法避免非發生不可的事嗎？這就是下面我們要探討的話題。

1、陰陽五行之律決定了世界末日的蹤影

源自於美國影城荷裡活與世界末日有關的影視，不知不覺之中把許多人的腦都給洗了，以至於大家都以為世界末日是非到來不可的事。而信仰宗教的人士，一旦把之與耶穌的再來，或神的大審判連在一起，更天經地義地認為這是無可非議的事，等著瞧就是了。

但是，《格庵遺錄》一書，卻開宗明義就告訴我們，是人類履行陰陽五行之律的狀況，決定了世界末日來去的蹤影。因為，此律的核心思想是天地萬物，都落在一個相生相剋的大環境中。單是彼此不停地克來克去固然是壞事，然而一直接二連三的生也不見得是好事，所以凡事有生有克，維持適當的生克平衡才是人類生存之長遠之計。

因為人類處於地球所有生物供應鏈的頂端，所以如何恰如其分的運用陰陽五行的相生相剋之律，既獲取自己必須的生活資源，又最大程度地保護和維持其他生物的存活環境，是一個既利己又利它的萬全之策。

我們最近看到英國女王正式發起塑膠戰爭，在所有皇室的地盤上，禁止使用塑膠吸管、塑膠瓶。這說明越來越多的人意識到保護地球生態環境的重要性，若不懸崖勒馬，觸目驚心的環境污染，及由於人類「亂來」而引起的地理氣候的劇變，必將物極必反在一刹那之間，成為殺人不眨眼的兇手，把越來越多的人置於沉淪之中。

順著昌，逆者亡，能守住陰陽五行之律而活的人，世界末日沒有理由來干涉人類的正常生活；而一旦無知或明知故犯地逆天地之律而行，世界末日找上門來那是遲早的事，想逃也沒有地方可以去。

在聖經中所提到的神的末世審判，也是對著人如何對待陰陽五行之律這件事而言。實際上，神並不喜歡看到世界末日的到來，把所有的人類都打到萬劫不復的深淵之中。但是，祂事先為人類設立了一條不可超越的紅色底線，不管是出自什麼原因，一旦越過了這一條底線，那就好比碰到地雷區早已埋好的地雷，轟隆一聲就炸開了，並且像骨牌反應一樣，一發就不可收拾。

因此，倘若人類明白世界末日並非神為人設定的，非來不

可的橫禍，乃是提醒人千萬不要越過那一道紅色的警戒線，則一切人類的光景就完全變得不一樣。現今的事實真相是，不管是無知還是有意，人類已經越來越迫近那一道警戒的底線了，若不懸崖勒馬的話，那世界末日的來臨，就是完全無法避免的事。

而且，一旦人類化解了這次世界末日的危機，進入了世界大同的境界之後，往後也就不必再擔心還會受到世界末日的威脅。因為進入了千禧年的嶄新時代之後，人類生活在與往前不一樣的大環境中，陰陽五行之律以一種全新的模式運作，直到整個地球進入壽終正寢之時為止。

2、人口的整頓和品質提升是一個大難題

在《格庵遺錄》的第一篇中，一開始就用「精脫其右米盤字，落盤四乳十重山」的詩句，來形容與人口有關之事的重要性。這兩句詩的意思是說，「精」字脫去右邊的一半即「青」字，就剩下個裝在盤中的「米」字。

整個地球就像一個盛米的大盤子，而落在盤之中的米，就好比來自四面八方數不清的人。可想而知，要處理好這些像奶水一樣滿盤四溢的米，可不是一件簡單的事。因為，其中牽連到靠十字架才能最後得勝的大道理。

如果我們進一步來探討以上這兩句詩的內涵，可以看到它講的，恰恰為我們揭示了世界末日來臨的根本原因所在。一方面是人口的數量太多；另一方面是人口的生命質量太低。它們是彼此相連又互相影響的，只有兩個方面的問題都同時得到解決，才能徹底地解除世界末日的危機。

現在世界人口的總人數已經接進 80 億，照專家學者們的研究結果，地球資源能夠承受的人口壓力的紅線就在 80 億左右，一旦超過了此一界限問題就大了。因為人類站在全球生物鏈的頂端，其底下的整個生物網乃是人類存活的根基，如果人自私自利地只關心本身的死活和舒適，到頭來不止害了其他的生物，也會毀了自己。

現今，整個地球的生態環境到處都在亮紅燈，警告人類若還不懸崖勒馬，再這樣維持下去的話，所謂的世界末日就必將接踵而至。

所謂「天動殺機則亡，地動殺機則逃，人動殺機則亂」，如果老天眞要動殺機的話，人早就亡了，還何必藉著頻頻地震帶來的逃，及人互相殘殺的亂，來提醒人類最好不要走到最後物極必反這一步，把自己逼進世界末日萬劫不復的深淵呢？

因此，明智而適當地控制地球的人口，使之不超過地球生態環境能夠忍受的限度，是阻止世界末日來臨的當務之急。而且，只有不斷提升人類的生命品質，使人類文明在不斷升級的過程中，有牢靠穩定的道德標準做根基，那才是解決地球人口問題的治本之計。

在《格庵遺錄》中所提到的「落盤四乳十重山」，特別生動地爲我們闡明了當前地球人口素質的眞相。它就像一個大盤裡面盛滿了米，而和這些米混在一起的是在盤中滿溢，幾乎就要從盤之各個角落流出來的奶水。

我們知道，奶水是母親用以餵養嬰兒不可缺的口糧。但是，如果一個人生下來之後，就始終不變一直靠著喝奶長大，最後這個人還能夠成器嗎？所以，聖經才提醒那些只能喝奶，不能吃乾糧的信徒可得小心了，這樣下去是什麼

事情都辦不成的。

由此而來，我們就可以清楚看到，如果不從提高人的基本素質入手，解決人口老大難的問題，無非都是紙上談兵，根本解決不了實際的問題。想一想，當一對像小孩的年輕夫婦，本身的生命不成熟，還不懂得如何去搞定自己時，就生了其他只能靠喝奶長大的「小孩」，而尚不懂事的「小孩」，接下去又生了要靠奶水長大的孫子，這樣的「奶水」循環結局如何可想而知。

這還沒有把隨著人類的壽命越來越長，越來越多返老還童的「老孩子」算在內呢。正是這些需要從物質資源的供應上，大量喝奶水的「老小孩」，大大地加添了本來已經入不敷出的社會福利的成本。不管是發達的國家，還是貧窮的地區，人們都越來越明顯感受到「落盤四乳」在保健、財務方面帶來的沉重壓力。

那麼，怎麼樣才能徹底地解開這一個「死結」呢？《格庵遺錄》給出答案了，出路就在「十重山」。這是什麼意思？

在《格庵遺錄》中，「十勝」是一個經常出現的詞語。它的

意思是指「靠十字架得勝」，而「十」也經常成爲「十勝」的代名詞。「十重山」中的「十」字也不例外，指著十字架而言；而「重山」則指重重疊疊的攔阻，要越過不容易。

在中國的傳統觀念中，「三不孝，無後爲大」，「養兒防老」的觀念已經根深蒂固深入到許多人的腦海中，「五代同堂」更成爲一種無與倫比的蒙福象徵，要想從根本上去改變人先入爲主的觀念，勢必碰到「江山易改，本性難移」的挑戰。

而唯一能夠最後取勝的法寶，就是「靠十字架得勝」。「十字架」是聖經上經常提到的刺眼的字眼，因爲耶穌是死在十字架上的，從而它幾乎成了「羞辱」的代名詞。有哪一個人喜歡看到自己崇拜、尊敬的信仰對象最後卻羞辱而去？

要知道，靠十字架得勝是個奧祕。每當提到十字架的時候，人們總是把之與乾巴巴的受苦形象連在一起，卻沒有想到，「十字架」中的「十」字，乃是陰陽相交的標記，一旦人與神、人與人之間的彼此相交、互動處在一種正確、正當、正常的狀態中，還有什麼難題不迎刃而解呢？

實際上，十字架是「革命」的代名詞，只不過不是革別人的命，而是革自我的命。正如耶穌本來是不必、也不能把祂釘死在十字架上的，但他自己選擇死在十字架上，為往後願意走上自我革命之路的人，做出了先行者的榜樣。

所以，若要徹底解決地球人口的數量和質量之難題，也離不開十字架所象徵的自我革命，徹底與所有的舊觀念決裂，才能進入到一個嶄新的時代，享受神讓人類脫離私有制度的捆綁，活出真正瀟灑無畏的人生自由。

我們說過，《格庵遺錄》是一本與聖經密切連在一起的預言書，也只有借著聖經的亮光才能透視其中的奧祕，所以，不必懷疑或驚訝十字架及其它的聖經話語，怎麼會跑到這本書的裡面來。在神，沒有什麼事情的發生是不可能的。

3、「陰謀論」的背後

聖經讓我們看到，起初亞當和夏娃受造之時，伊甸園就是他倆的生態環境，所有的動、植物都在人的控制之下，和

諧快樂地相處過日子。但曾幾何時，在亞當一家因墮落而被趕出伊甸園之後，情況就變得完全不一樣。

在挪亞時代的大洪水發生之前，地球上就發生了神的兒子們，也就是墮落的天使與人的女子發生性關係，從而生下了地上「偉人」的事件。換句話說，人類就面臨著人口的「大掃除」，及提升人類品質的功課和考試了。

當以色列人從埃及出來，進入迦南應許之地後，他們同樣也碰到了要趕盡殺絕當地血統不正的「偉人」族類。這只有從消除地上不潔淨的人口，以提升人口質量的角度去思考才得以理解，為什麼仁慈的神會狠心讓洪水滅世；或要把亞瑪力人的名號從天下抹掉，交待以色列人對這些人無論男女老少格殺勿論。

這說明神對所謂「永生」的看法是與人不一樣的。人總傾向於是從數量上著眼，巴不得能夠活著越久越好，生得越多越強；但是神卻注目於質量，倘若想得到永生的人素質太低，數量越多只能給地球的生態環境帶來越大的壓力和危害，最後免不了就要面對世界末日的威脅和衝擊，以至於物極必反，到了一發而不可收拾的地步。

當談到整頓地球人口這件事時，相信不少人都會想到在網上散佈的一些信息，說是掌握著世界大部分資源財富，所謂社會上的精英階層，企圖計畫把地球的人口大大地減少，直到他們滿意的目標爲止，哪怕使用什麼不人道的手段也在所不惜。並且，爲之起了一個名字叫「陰謀論」。

那麼，到底應該怎麼樣來看待此一問題呢？

從一開始我們就指出，陰陽五行之律決定了世界末日的蹤影，地球人口的問題同樣也離不開陰陽五行之律的控制。陰陽之律的核心就是「孤陰不長，獨陽不生」，它們彼此相交，若任何一方消失了，另一方也無法存在。

所以，如果我們把所謂的精英階層當作陽去理解，把他們以爲必須清除的「垃圾人口」當作陰來看待，那麼，一旦所有屬陰的人口都被消滅乾淨了，光溜溜的屬陽精英還能存在嗎？

也許，有的人又會想，那從原來的陽性精英階層中，再脫化出一些陰性的人不就行嗎？道理聽起來似乎不錯，但只要人性中一己之私的舊觀念不變，又有誰願意心甘情願地

被淘汰出精英的隊伍，與新生的「垃圾人口」同流合污呢？

要知道，精英階層的人都是好面子的，而被掃進「垃圾」隊伍的人卻是沒面子的，若沒有心甘情願處於底層位置的人，叫誰去侍候上面的精英階層呢？而互不服氣彼此相克的結果，必然只能讓陰陽五行之律的運行，越來越脫離相生相剋平衡的軌道，如此還有正常的日子好過嗎？

可見，精英階層想用「對抗」療法，把「垃圾人口」置于死地而後快的想法，不但是罪惡的，而且是行不通的。因此，唯有靠「十勝」，就是靠十字架得勝的方法，才能徹底解決地球人口的數量不平衡，以及人口質量不過關的問題。

人從老亞當而來的本性總是叫人走向墮落的，哪怕所謂的精英階層也不例外。倘若一心一意想清理「垃圾人口」的精英們，固執己見撞到死胡同也不回頭的話，最後可能只會搬石頭砸自己的腳，把自己先送進被清理的垃圾人口之列，率先被扔進火湖。

《啓示錄》最後指出，代表無神論者的第一個獸，以及代表假先知的第二個獸，最後雙雙被活活地扔進硫磺火湖裡，正是爲我們指出什麼是神眞正要清理，貨眞價實的垃圾人口。

如果說，當今的天下是三分鼎立的話，那麼，眞正屬神的好人、屬第一個獸的惡人、屬第二個獸的假人，實際上是各處於此三角形中的不同部位。

所謂人的素質太低，主要是對著屬神的人而言，他們對神的認識不深，爲人做事的智慧、能力不足，所以有待於不斷地改進。

而其他屬於第一個獸、第二個獸的人，無疑就是要被清除的垃圾人口。當主耶穌降臨的時刻，所有的一切都會暴露無遺，誰逃得過恢恢天網的法眼？

四、世界末日會以什麼樣的方式出現？

上面，我們談論了地球的人口問題，以及由此可能引發的世界末日的危機。下面，接著世界末日的話題，我們將進一步探討，如果世界末日是無法避免的話，那麼，它是以一種什麼樣的方式進行呢？

1、以戰爭的形式快速地減少人口

眾所周知，戰爭是直接減少地球人口的快速方式。神並不主動介入戰爭之中，而是任憑人以子之矛，攻子之盾，結果發動戰爭的人最後都落在自己挖好的墓穴裡。這無法怪到任何人的頭上，是理所當然地被優勝劣敗的「進化論」給淘汰掉了。

當然，這裡所說的「優勝劣敗」，並非指人定勝天的傲氣，而是像林肯在美國南北戰爭時所說的，他在乎的是自己是

否站在神的一邊，而不是神是否站在自己的一邊。戰爭的結果是減少人口，戰爭的過程，卻同時起到磨練和提升人之素質的作用。它們的最終目的無非就是爲了使地球的生態環境，能夠恢復正常的平衡，讓陰陽五行相生相剋之律得以暢通無阻地運行。

原則上，正如聖經所言，神願意看到萬人得救，不願意看到一人沉淪，所以祂並不希望看到太多的人死於戰爭之中，對於落水的人，能夠救多少就算多少。但是，碰到死不悔改的人，最後也就只能憑著各人自由意志的反應行事，凡真心呼叫祂之名的必蒙恩得救，凡執迷不悟我行我素的，那就不僅身體不保，甚至於連死後的靈魂也搭上了。

在世界末日來臨的初期，可能不會爆發大規模的戰爭，但隨著時間的推移，越來越向世界大同的目標靠近的時候，就可能發生越來越多的局部戰爭，甚至於規模比較大的的戰爭。這都決定于人類自由意志的如何反應：是有越來越多的人願意悔改，祈求神開恩可憐地上的人，誠心誠意向祂靠攏；還是一意孤行，我行我素的人一直不減少。

無可否認的事實是，今天人類哪怕面臨第三次世界大戰的危機，但現在的地球環境與第一、二次世界大戰的時期相比，差別太大了。所以，如果說這次的世界末日主要是針對著人的靈魂狀態而來，那麼，就外界的物質環境而言，其破壞的程度可能反而會被限制在一定的範圍之內。

否則，就像愛因斯坦所言，「我不知道第三次世界大戰用什麼武器，但第四次肯定用石頭。」那並非神為人類早就設計好，無比壯觀之千禧年的美好藍圖。

這也是聖經及《格庵遺錄》的預言讓我們看到的，神不會讓大規模的第三次世界大戰的核火，毀滅了正在起步的地球人類的新文明。

2、以瘟疫的形式逐漸地減少人口

若在過去的年代，像這次由冠狀病毒引起的疫情，在短期內就可能奪去，比以往的世界大戰還要多得多的生命。但是，現在藉著人工智能的介入，卻可以盡人類最大的努

力，把死亡的人數控制在比過去世界性的瘟疫低得多的機率上。

這種以瘟疫的方式逐漸地減少人口的策略，實在是前所未聞的事情。可以說，這是上天用緩和性的方式，幫助人類渡過世界末日的坎。

一方面，可以借著適當的方式，減少地球人口的壓力，最後達到使地球的生態環境處於平衡狀態之目的；另一方面，也不至於因激烈減少人口的行為，引發社會上過分動盪的危害，使人類能夠避免世界末日所帶來的巨大衝擊，儘量以「和平過渡」的方式，就可以轉入到大同世界之中。

這種做法，是為了讓人類進一步認識神的道，特別是有關世界末日及世界大同的真相，目的在於提高人類的生命素質，從根本上去減少或緩和世界末日帶來的衝擊，最後把脫胎換骨的新一代人，帶進人類歷史上前所未有的世界大同的新時代。

俗語說得好，「江山易改，本性難移」，緩和性的世界末日

所要進行的乃是一場改變人本性的革命。在人類面對世界
末日的日子裡，思想的改變可以引發環境的改變；反過來
環境的變動也會促進思想的更新。而且，未來環境引發思
想的更新是主因，看清楚這一點，你才不會迷失前面該走
之路的方向。

使用瘟疫作為人類生命催化劑的重點，一直都離不開神賜
下恩典讓人去反省和悔改，從而最後能夠走出世界末日的
陰影。包括基督徒在內，許多人並不明白來自上天的恩
賜，以及恩典之間的差別。簡而言之，恩賜是一種天賦或
禮物，可以使人容易攀上成功的頂峰，但也會讓頭腦不清
醒的成功者，飄飄然地從山上滾下來。

而恩典就完全不一樣了。它之目的在於讓人能夠看到及認
識自己的毛病和問題，繼而敢於邁開自我革命的第一步。
接著，逆向不斷走在改變人之本性的道路上，直到最後像
耶穌一樣，在十字架上斷氣的那一刻，清晰地發出兩個
字：「成了！」

這意味著走在自我革命之路上的人，最後是否能夠到達目
的地，全在於從神那裡得到了多少的恩典。它可以成為人

腳前的燈，路上的光，一旦看清自己的本性和過錯之後，
就像孔子最喜歡並誇獎的弟子顏回一樣，再也不會第二次
犯同樣的錯誤。

同時，照《格庵遺錄》的說法，似乎「小頭無足」的病
毒，在世界末日這件事上扮演的角色，比任何形式的戰爭
還要來得更吃重。也許，這種因人而異針對性特別強的整
頓、淘汰的方式，可以大大減少對地球生態環境帶來的破
壞和毀滅，所以，上天自然就採用了它。

無論如何，當人類被帶到所謂「人之盡頭，神的起頭」的
時候，可能一個人謙卑地跪下來，向神發出求救的呼喚，
就是成本最低，效果最快的了。

唯一的前提是，記住「真心實意」這幾個字，不必口是心
非發什麼願，只要自己的心一軟了下來，可能刷刷而出的
眼淚馬上就救了人的一命。

3、在整頓人口的過程中同時提高人的素質

在前面我們已經說過，在降低地球人口及提升人類品質的問題上，所謂的精英階層想借著減少所謂「垃圾人口」的數量，以求維持人口高素質的做法是行不通的，因為它違背神公義舍己的原則。弄不好的話，恐怕一心一意想清理垃圾人口的人，自己反而成了被清理的對象。

因為，在這方面冠狀病毒會成為清理真正垃圾人口的最佳助手。一方面，它是不長眼睛的，誰也不知道什麼時候病毒會「碰」到自己；但另一方面，它卻是眼睛最亮的，有了人工智能和大數據的配合，神似乎使用它們像「神槍手」一樣，在獵取那些惡有惡報的垃圾人口時，誰被瞄準了就劫數難逃。從而，就保證了清理垃圾人口的準確性，不會冤枉任何一個善人，也不會放過任何一個惡人，這就是神的審判帶來的威懾性。

誠然，並不是每一個在瘟疫中招而亡的人，都是在垃圾人口的清理名單之中。有一些人是因為神的憐憫，不至於留在地上忍受更多的痛苦，而被神提前接走；或者，有的人

是在人間已經圓滿地完成了自己的生命功課，拿著一張滿分的成績單到天堂報到的。

總之，我們要明白，作爲人類生命的催化劑，病毒的出現一方面是緩和世界末日的衝擊力，適當減少地球人口，以維持生態平衡的一種權宜之計；另一方面是促進提升人類素質的工具。

所以，我們不能一概而論，對在疫情期被病毒奪走的人，隨便不負責任的作出論斷。如果我們能客觀、全面地看待這問題，就不會一直落在對瘟疫唯恐避之而不及的懼怕之中。

4、《啓示錄》中七號與七碗的差別

《啓示錄》一書之中，充滿了大量與數字 7 連在一起的詞語，比方說七印、七號、七碗、七雷、七靈、七位天使、七個燈檯等等。數字 7 代表聖經上所提到的千禧年，也就是說，我們一直在談論的世界末日及世界大同的概念，都

與數字 7 有著密切的關係。

所以，下面就跟大家講一下在《啓示錄》中占有重要位置的七號和七碗，因爲它們跟人口的數量控制，及人口質量的提升，有著息息相關的關係。

聖經記載，天上的七位天使吹響七號的時候。隨著雷聲、閃電的發出，那是一副何等震撼人心的圖畫。當第一位天使吹號，就有電子與火攙著血丟在地上，地的三分之一和樹的三分之一被燒了。一切的青草也被燒了。

當第二位天使吹響第二號的時候，就有仿佛火燒著的大山，扔在海中；海的三分之一變成血，海中的活物死了三分之一，船隻也壞了三分之一。

當天使揭開第三號的時候，就有燒著的大星好像火把從天上落下來，落在江河的三分之一和眾水的泉源上。這星名叫茵陳；眾水的三分之一變爲茵陳，因水變苦，就死了許多人。

當第四號吹響的時候，日頭的三分之一，月亮的三分之

一，星辰的三分之一，都被擊打；以致日月星的三分之一
黑暗了，白晝的三分之一沒有光，黑夜也是這樣。

《啓示錄》在第九章中，用了整整 12 節的經文來闡述第五
號的內容細節。簡而言之是講到，從無底坑中出來的蝗蟲
如何到人間，在五個月的期間裡，殘酷地折磨那些在額頭
上沒有蓋上神之印記的人。

當第六位天使吹響第六號的時候，神吩咐說，把捆綁在伯
拉大河的四個天使放出來，於是他們就被釋放了。這四個
天使是原來早就預備好了的，到某年某月某日某時要殺人
的三分之一。

當第七位天使吹號發生的時候，神的奧祕就成全了。

值得一提的是，在以上這段經文中，「三分之一」這一個
數字，出現了許多次。所以，每一次碰到三分之一這個數
字的時候，人在頭腦裡必須清醒，將其與三一神的觀點連
在一起，才能滲透其中的含義。

換句話說，與「三分之一」有關的人事物，都是與三一神

有著密切關係的。因為在基督教的傳統教義裡面，認定神是所謂三位一體的神，這其中的神學觀點的來龍去脈，你可以不必深入去探討。

但是在讀《啟示錄》時，每當碰到「三分之一」這組數字時，就必須意識到它們是與三一神的「三一」連在一起的。這是人在讀《啟示錄》時，不能不知道的要點。倘若我們忽略了這一點，就很難摸到《啟示錄》裡面的真正含義。

值得一提的是，第五號可以說是七號的代表。其中最重要的一節經文是提到，「在那些日子，人要求死，決不得死，願意死，死卻遠避他們」。

前面我們已經提到，數字五的含義是代表恩典，而恩典的實質是叫人得以悔改。所以在第五號中所發生的事情，同樣也離不開恩典的範圍。甚至於在那些日子，人要求死不得，想死也死不了，這不正是神之恩典的最大顯明嗎？神之所以給這些人留下了如此大的恩典，是為了借著五個月的時間，讓他們有認真悔改，重新做人的機會。

接著，我們再來看看有關七碗的記載：

當掌管末後七災的七位天使，從天上往地上倒下七碗的時候，第一位天使把碗往下倒，就有惡而且毒的瘡生在那些有獸印記，拜獸像的人身上。

當第二位天使，把第二碗倒在地上的時候，海就變成血，好像死人的血，海中的活物死了。

當第三位天使把第三碗，倒在江河和眾水的源泉裡，水就變成血了。

第四位天使把碗倒在日頭上，叫日頭能用火烤人，人被大熱所烤，就褻瀆那有權掌管這些災的神之名，並不悔改將榮耀歸給神。

當第五位天使把碗倒在獸的座位上，獸的國就黑暗了。人因疼痛就咬自己的舌頭，又因所受的疼痛和生的瘡，就褻瀆天上的神，並不悔改所行的。

當第六位天使把碗倒在伯拉大河上，河水就乾了，要給那

從日出之地所來的眾王預備道路。我又看見三個污穢的靈，好像青蛙從龍口、獸口和假先知的口中出來。他們本是鬼魔的靈，施行奇事，出去到普天下眾王那裡，叫他們在神全能者的大日聚集爭戰。那三個鬼魔便叫眾王聚集在一處，希伯來語叫做哈米吉多頓。

當第七位天使倒下第七碗的時候，就有大聲從殿中的寶座上出來說，成了。

在以上的這一段經文中，你可以看到有關七碗的描述，有不少的內容與七號的描述有大同小異之處。但是，兩者之間的差別可大了。

因為，落在七號中的人，都是多多少少與三一神有關係的。這些人相當於是神要借著環境的考驗和磨練，使他們能夠真心悔改，從而成為脫胎換骨的一代新人，最後得以進入世界大同的美境，這就是前面我們一直強調的，屬於解決提升地球人口品質的難題。

而落在七碗中的人，則屬於適當減少地球人口時預備受淘汰的對象。因為在以上這段描述七碗的經文中，你看不到

任何一個「三分之一」的字眼。也就是說，他們都是與三一神無緣的，不是神刻意離開這些人，而是落在七碗中的人，大部分都自絕上帝的救恩，寧願把一肚子的怒氣、恨氣、怨氣都通通發洩出來，然後下地獄。

所以，我們看到有的「人被大熱所烤，就褻瀆那有權掌管這些災的神之名，並不悔改將榮耀歸給神」；有的「人因疼痛就咬自己的舌頭，又因所受的疼痛和生的瘡，就褻瀆天上的神，並不悔改所行的」。

不難理解，這樣的人最後就成了名符其實的垃圾人口，若這樣的人不被減少，上帝的公義如何在地上彰顯，地球的生態環境又何時得以恢復平衡和諧的盛況？

簡而言之，七碗可以歸納成為一句話：凡不接受改變的人結果只有死。起碼，弄清楚七號和七碗到底是怎麼一回事，你才算找到了一把進入《啟示錄》的鑰匙。

五、與瘟疫病毒共舞的三步曲

前面我們已經闡明了所謂世界末日與世界大同之間的關係，也明白了今天的人類，面對著人口過多，人口的素質太低的挑戰，所以，人口數量的整頓和質量的提升是一個與世界末日息息相關的話題。

同時，我們又談到神並不願意看到人類陷進世界末日的深淵裡，祂願意萬人悔改，個個都能進入天國降臨到地上的大同世界。下面，我們要接著講的是，神如何把祂的願望落實到人類的現實生活之中。換言之，當今人類正面對的前所未有的疫情，其中到底隱藏了什麼不為人知的奧祕呢？

因此而來，我們就不能不借著《格庵遺錄》裡面的 54 篇——「松家田」，來了解一下人類目前及未來，可能免不了要與冠狀病毒共舞的三部曲。

《格庵遺錄》裡面的「松家田」一篇，主要是講了三件

事，書中稱之爲「三祕文」。也就是說，你只要看明白這三祕文的來龍去脈，大概就能了解當前遇到的由冠狀病毒引起的疫情，以及如何去勝過它，不會一直落在恐懼之中惶惶不可終日。所謂的三祕文，是跟「松、家、田」這三個字連在一起的。下面，就讓我們一一進入對這三個字的剖析。

1、松

在《格庵遺錄》一書中，用「十八加公」的片語來暗示這個「松」字。從字面而言，「松」是指松樹。然而，從「松」字引發出來的，卻是一個少爲人知的歷史故事。

此「松」是闡述 1592 壬辰年在韓國發生的一宗歷史事件。當時入侵韓國殺人放火無惡不作的日本人，被書中叫作「女人戴禾」的「倭」寇。爲了逃過此劫，韓國人紛紛離開家園，跑進深山老林藏起來。所以，「松」字就成了深山老林讓人保命的的代名詞。

此外，當時中國的明朝派了大將李如松領兵到韓國救援，遇見了李如松的軍隊，就如同見到了救命的貴人，所以，「李如松」一名中的「松」字，無形之中又成了韓國人的保護傘，這是三字訣中的首字——「松」的來龍去脈。

如果把此事與這次人類遇見的，由冠狀病毒引起的疫情連在一起思考的話，我們可以看到「松」的實質就是「避」。過去的韓國人一看見倭寇就唯恐避之而不及；今天我們一聽到病毒就趕快戴口罩、穿手套，甚至全副武裝都派上用場；而在公眾場所，連排隊的時候也必須拉開彼此之間的距離。想一想，這些和「松」的避開行為，在原則上有什麼不同的差別呢？

這種叫「松上止」的解決方案，它們的最終目的無非是與敵人劃清界限，就算我不能克掉你，也不能讓你克死我。在陰陽五行的運作中，處在相克狀態的雙方所付出的代價都是最大的，是一種治標不治本的權宜之計。明白了這一點，我們就必須找到既治標又治本的方法才行。

2、家

在《格庵遺錄》一書中，「家」這個字是對著韓國另一宗歷史事件而言。那是發生在公元 1636 丙子年的事。當時，中國的大清皇帝清太宗，遷怒于朝鮮親明朝疏清朝，派兵十萬攻打韓國，這就是所謂的「丙子胡亂」。

這是一場速決戰，僅打了 45 天就以韓國敗北而告終。為什麼這一場「丙子胡亂」會被貼上「家」字的標籤呢？

《格庵遺錄》對這場戰爭的描寫是：「狗性在家豕上加冠，火鼠在數當運也」。它的意思是指出，當時處在戰亂之中的人，只要乖乖像狗一樣，呆在家裡就沒事，而到處亂跑反而容易出問題。

「豕上加冠」是說，「豕」字的上面加多頂「帽子」（宀）就是個「家」字。豕是指豬，它是像守門狗一樣的家畜，兩者都不會離開家，從而更加強了「家」就是「守」住而不亂跑的味道。

而「火鼠在數當運也」這一句，其中的「火鼠」是對著陰曆的天干地支而言，「火」對應「丙」，「鼠」對應「子」，所以一目了然的告訴人們，發生戰亂的那一年是丙子年。這是《格庵遺錄》的一個獨特之點，在預告每一個事件的發生時，都是用天干地支作明確的表達，減少了模糊猜測的麻煩。

好了，說到這裡，你看這「家」字又和當前的疫情掛上鉤了吧？在疫情的期間，人就乖乖地在家隔離呆著吧，現在不少的人都已經習慣於在家裡上班了；從一開始的封路、封城，到現在坐飛機到了目的地，還要被隔離一段時間的硬性規定，哪一點不是當年韓國人用「家上止」方法的翻版？

3、田

在《格庵遺錄》中，田是經常出現的一個字。那麼，這個「田」字是什麼意思？照該書所言的種種含義，其最基本的意思乃是指「世界」，如果把世界當成一塊「田」來理

五、與瘟疫病毒共舞的三步曲

解，沒有什麼不妥之處。耶穌就明明白白跟他的門徒說過這樣的話：田地就是世界。

而且，《格庵遺錄》一直強調，「田」之中有一個「十」字，代表十字架，而經常提到的「十勝」，就是靠十字架得勝的意思。如果一個基督徒想效法耶穌背十字架，也只能活在「田」之世界的時候，才有其實用的價值，當回到天家時，就沒有十字架好背了。

如果說，以上談到的「松」字和「家」字，都是針對已經發生的朝鮮歷史事件說的，那麼，三字訣中的最後一個字——「田」，及與其不可分割的「道」，可就完全不一樣。因為，它是特別為著活在末世的人類而來的，讀者也不被限制在某一個國家或地區，而是「田」中，即全世界的人，有耳的都可以聽，也應該聽。

《格庵遺錄》一針見血地指出，末世的特點是「雜杼世上當末運，不毛之獸丁寧也」。它的意思是說，末世的世界就像織布的梭子亂闖，到處是一片混亂的景象。當今有的人就像沒有毛的野獸一樣，變得一點人性都沒有。

由此而來，就碰到了「小頭無足殺我者，化在其中鬼不知」的大災難。所謂的「小頭無足」，指的是當前全球的人正在面對的冠狀病毒。你看我們在視頻上所看到的冠狀病毒的模樣，是不是一個個都像「小頭無足」的傢伙？

然而，這一場看似由人間引發的大瘟疫，其中卻隱藏了上天的神機妙化，甚至於連陰間的鬼也不知道是怎麼一回事。

接著又說，「牛性在野三人一夕，水兔三數終末也」。在這兩句話中，其中的「三人一夕」合起來是個「修」字，也就是與修道、修養有關；而「水兔三數」對應於農曆的 2033—35 年，合起來的意思是說，如果像牛之野性一樣的人，能夠一直堅持修心養性的話，那麼到了 2033—35 年，就算進入即將大功告成的「終末」時段了。

由於三字訣的最後一個「田」字，它是與「道」，即神的道密切連在一起，所以最後才得出了「道下止」的結論。也就是說，若你真的認識了神之道，那麼要明白及處理世界上的一切問題，就都不在話下。

4、這次瘟疫的發生到底隱藏了什麼奧祕？

上面我們已經把「三字訣」的內涵作了簡單扼要的介紹，下面結合人類面臨的整頓地球人口，及提高人之質量的問題，進一步探討這次瘟疫帶來的啓示。

實際上，因爲上天並不願意看到人類眞的陷到世界末日的深淵裡，像以前曾經沉落到海底的地球文明，才把瘟疫的病毒當成是人類文明的摧化劑，一方面適當幫助人類恢復地球正常的生態環境，一方面促進人類文明的升級，達到提高人類素質之目的。

所以，我們看到瘟疫一方面確實奪去了不少人的生命，另一方面又看到人類藉著避開的「松」，及隔離的「家」等手段，有效地把死亡的人數控制在某一個程度之內。

不難看到，由於人類進入了人工智能的時代，當前的醫學突飛猛進，所以瘟疫不會在一個短時期內，像發生第三次世界大戰一樣，奪去大批的生命；同時也給人類留下適當的時間和空間，去反省和思考提升人類生命素質的課題，

所以這是一個適合於末世初期使用的權宜之計。

但是，隨著時間的推移，未來人類所面臨的經濟、工作和生活壓力越來越大，所以，最後會造成某些局部，甚至於相當大規模的戰爭，可能是難以避免的事。加上隨著上帝審判的力度越來越大，真正要被祂拿走的垃圾人口也會變得越來越多。這時，神的道就會更加清楚地在世界的「田」裡顯明，讓願意進入大同世界的人努力改變自己的舊三觀，跨越世界末日的坎，笑迎燦爛的新時代的陽光。

不管接下來還有什麼變數，照著《格庵遺錄》的說法，瘟疫和戰爭就像雙胞胎一樣，可能會在一個不算長，也不算短的期間裡，斷斷續續地與人類的生活共存、共舞。所以，我們必須作好充分的思想準備，才能坦然無懼地面對未來的日子，活出與世界大同相配的生命模式。

五、與瘟疫病毒共舞的三步曲

六、拜獸、拜獸像與接受獸印是怎麼一回事？

上面我們已經講了整頓地球人口數量與提升人口品質，與世界末日及世界大同之間的密切關係，那麼，下面讓我們從《啓示錄》的描述，進一步來看看是什麼樣的人，將成為這次末世大淘汰的對象。

這就是《啓示錄》的第 13 章談到的問題。在這一章中，主要談到了兩個獸，以及與它們有關的拜獸、拜獸像及受獸印，這其中到底隱藏了什麼與世界末日有關的奧祕信息呢？那麼，首先我們必須了解啓示錄中的兩個獸到底是指著什麼來的。

1、第一個獸

《啓示錄》中所描寫的第一個獸，是「從海中上來，有十角七頭，在十角上戴著十個冠冕，七頭上有褻瀆的名

號」。在上面有關「七王八王」的論述中，我們已經講了，它們是在末世的最後階段，世界的政治舞臺上可能出現的一種局面。

這裡提到的「十角七頭」，其中的「七頭」，同樣離不開「七王八王」的概念，是對著末世最後階段的世界政局而言的；而「十角」則暗示將有十個國家會在第一個獸的陣營中，盡力扮演自己擔負的角色。

這一個獸的「形狀像豹，腳像熊的腳，口像獅子的口」，又進一步為我們提供了一些對號入座的具體資料，讓我們可以更加客觀去認識這第一個獸的真相，不至於當它在世人面前亮相時，許多人仍然模糊不清視而不見。

那麼，這一隻獸到底是指著誰來的呢？

從外面看來，它似乎是指著無神論者而言。但是，實際上在這世界上，並沒有什麼如假包換、徹頭徹尾的無神論者。許多所謂信仰無神論的人，只不過是把自己當神，或相信自己就是神罷了。

只有明白了這一點，你才能解開所有對無神論的誤解和迷惑。

因此，聖經才特別指出，鬼魔並不是不相信有神，而是它一想到與神對抗的最後結局就膽戰心驚。因為，它一直想坐到神的寶座上自立為王。世界上無神論的老祖宗們，沒有一個不是從原來的有神論者，脫化成為無神論者的。因為所有人類的造反基因，都與墮落天使與神唱對臺戲有著牽扯不斷的關係。

因此而來，我們才能悟解，原來《啟示錄》中所說的，「獸的七頭中，有一個似乎受了死傷。那死傷卻醫好了。全地的人，都希奇跟從那獸」，到底是怎麼一回事。

原來，七頭那一個受了死傷的，就是指著七頭最後的那一頭而言，正好對著我們當前的時間段。而它「似乎受了死傷」，不就指著面前全地的人都談虎色變的冠狀病毒嗎？若這次的瘟疫發生在上個世紀末，早就是全球遍地白骨露野，那還不算「受了死傷」嗎？

而現在世界上的無神論當家作主，人定勝天的思想到處流

行，所以從出門帶口罩、在家守隔離、直到現在的打疫苗，無一不是出自人的想法和作爲。這可以說是在「盡人事」；

然而，一旦人忽視了「聽天命」這一個環節，就無法從「道」的角度，去思考這一場瘟疫跟整頓地球人口，及提高人類素質有關。它事關世界末日之來臨，及人類進入世界大同的前途。這也是《格庵遺錄》所一直強調的，末世人類面對「田」之劫數時，只有靠「道上止」才能眞正解決問題。

2、第二個獸

《啓示錄》中所描寫的第二個獸，是「從地中上來。有兩角如同羊羔，說話好像龍。他在頭一個獸面前，施行頭一個獸所有的權柄。並且叫地和住在地上的人，拜那死傷醫好的頭一個獸」。

在聖經中，「羊羔」這一個詞幾乎是耶穌一名的代名詞，所

以以上的話指出第二個獸如羊羔，就是說他並非一個無神論者，而是一個在信仰上與耶穌有關係的人。但是，由於其所作所為，與第一個獸沒有什麼本質上的差別，所以你把之當作無神論者看待，也沒有什麼不妥之處。

並且，他還叫世人去「拜那死傷醫好的頭一個獸」。也就是說，在對待冠狀病毒引起的瘟疫這件事上，其態度和行為舉止與第一個獸沒有什麼不同，甚至於更賣勁地崇拜和推銷無神論者，主張人高於一切的那一套。

在《啟示錄》另外的地方，這第二個獸又被稱為假先知，可見這絕不是指著泛泛的信徒而言，而是在宗教的圈子裡，混了相當一段的時日，甚至於到了「精英」階層的人物。有的人更直截了當把之與當今引人注目的共濟會、光明會連在一起。

但是，聖經卻明明白白地告訴我們，第一個獸及第二獸，當耶穌從天而降，揭開世界大同的序幕之時，都通通被扔進了火湖。

換句話說，他們就是在世界末日真正要被神清除的垃圾人

口，不但與千禧年的世界大同無緣無分，還要在硫磺火湖中受永永遠遠的痛苦。

3、拜獸、拜獸像、受獸印

在《啟示錄》的第 13 章中，特別提到了「拜獸、拜獸像、受獸印」這三件事。它們彼此之間既互相聯繫，又不盡相同，下面我們就來看一看聖經具體是怎麼說的。

關於拜獸是指第一個獸要人拜他，「凡住在地上，名字從創世以來，沒有記在被殺之羔羊生命冊上的人，都要拜他」。

關於拜獸像是第二個獸玩弄的鬼把戲：他迷惑所有住在地上的人說，「要給那受刀傷還活著的獸作個像。又有權柄賜給他叫獸像有生氣。並且能說話，又叫所有不拜獸像的人都被殺害」。

關於受獸印也是第二個獸出的花招：「他又叫眾人，無論大小貧福，自主的，為奴的，都在右手上，或是在額上，

六、拜獸、拜獸像與接受獸印是怎麼一回事？

受一個印記。除了那受印記，有了獸名，或有獸名數目的，都不得作買賣」。

當我們比較一下拜獸、拜獸像、受獸印這三著之間的差別，可以看到拜獸是針對著第一個獸而言，也就是說，如果一個人是屬於無神論者，不必多說他肯定是一個拜獸的人。這樣的人，不管他是一個頑固不化的無神論者；還是一個把自己當神，相信自己就是和神平起平坐的人，都跑不了是個拜獸的人。

所謂的「獸像」，是說它的實質就跟拜獸一模一樣，所以，不拜獸的人要被殺害，不拜獸像的人同樣也要受殺害。這就好比大陸在文化大革命的期間，到了天安門前朝見毛澤東的人，不五體投地崇拜他的人活不了；不天天早晚拿著小紅書，在他的畫像前面低頭俯首也行不通，是同樣的道理。

值得一提的是，拜獸像是由第二個獸弄出來的，這意味著來到了末世的日子里，胸口貼著「有神論」標籤的假先知比比皆是，你可不要輕易上當才好。特別是，「獸像有生氣，並且能說話，又叫所有不拜獸像的人都被殺害」。

這是指人工智能也被派上用場了，所以現在網上、網下出現了越來越多的「機器人」，不就是「有生氣，並且能說話的「獸像」紛紛出籠亮相嗎？難怪，現在不少人都害怕人工智能最後會把人給收拾掉，這不正是「不拜獸像的人都被殺害」，給行不正的人帶來的陰影嗎？

這些事出自第二個獸的手，也暗示我們第二個獸所作的技術含量，比第一個獸更先進，可不要以為科技越高的人越仁慈。

而最後的一個問題是受獸印。在《啟示錄》中，提到了666這一個數字，許多人以為它就是這裡所說的「獸印」。不少基督徒一聽到這個數字，幾乎談虎色變，覺得這是獸的數字，生怕與自己沾邊，巴不得離開它越遠越好。

還有不少的人，費盡心機地在歷史人物身上，從過去的羅馬皇帝，到現代的暴君，尋找哪一個人可以和666這個數字掛上鉤。甚至於連電腦，商業條碼都可以和666連上線。

實際上，666這一個數字是一個所謂的「三聯數」。其中的6、66、666各有不同的含義，既可以從負面的角度看到貶

義，又可以從正面的角度看到褒義。

666這個三聯數，可以歸納到3、6、9，這是一組至今無人能解的神祕數字。所以，我們不必一直被它糾纏於，到底是好還是壞的困惑中，只要你白天爲人做事行得正，何怕666夜裡來敲門？

同時，神印在衪的僕人額頭的「印」，與人在右手和額頭上所受的「印」，兩者所指的其實並不一樣。前者帶有「封閉」，也就是保護的含義；而後者的意思是「雕刻」，就像在死人墓碑上刻的字，代表與死亡連在一起。

還有，現在不少人把受獸印理解爲接受人工晶片，特別是基督徒對此事一直耿耿於懷，心中始終覺得忐忑不安。但從聖經原文字典所揭示的來看，所謂接受獸的印記的實質，可以歸納到一點，即人是否持守上帝所命定之十誡：只有一位神、不可拜偶像、不可褻瀆神、要守安息日、要孝敬父母、不可殺人、不可淫亂、不可偷盜、不可騙人、不可貪心。

或者，可以把十誡的重點放在第二誡——「不可拜偶像」

上更合理。因為拜偶像的實質，可以用「貪婪」二字概括之。聖經上明確地指出，貪心就是拜偶像。

漢字的「貪」字的部首出自代表錢財的「貝」字：「婪」字的部首出自「女」字，又與色狼的「狼」字近音。這兩個字一言道破現在式的拜偶像，無非就是人落在「錢權」交易，或被性干擾纏身之色狼的試探中。

認識接受獸之印記與拜偶像之間的內在實質性聯繫，比神經兮兮的一直在晶片身上，來回打轉來得更重要。

當我們明白了拜獸、拜獸像、受獸印是怎麼一回事之後，對下一個主題要講的「三不」，就容易理解了。

七、未來的世界大同到底是何樣？

1、什麼叫「三不」

上面我們已經清楚地說明在末世的最後階段，每一個在地球上還活著的人，都會面臨著拜獸、拜獸像、受獸印的考驗。如果一個人三樣俱全，聖經上毫不含糊的明說，這樣的人會被扔進火湖受痛苦，也就是說，他們都是屬於在世界末日中被清除的垃圾人口，沒有一個人能夠進入未來的大同世界。

反之，如果一個人是處於「三不」的狀況，也就是說，不拜獸、不拜獸像、不受獸印，這樣的人可以稱之為「三不」的人，「三不」就是戴在他們頭上的冠冕。因為這些人都是在進入大同世界之後，跟隨耶穌真誠為人民服務的。

值得一提的是，在《啟示錄》中講到神的審判時，把兩類人加以分開，一類落在七號的範圍裡，其他的人屬於另外

一類，放在七碗的部分。落在七號中的人，聖經並沒有明確說明這些人，到底身上帶有多少個「不」，然而他們決不會連一個「不」都不沾邊。當然，他們最多也只能帶著兩個「不」；若「三不」俱全，那就不會落在七號之中，早在此之前就進入第一次復活之得勝者的行列了。

而被劃在七碗中的人，則當天使倒下第一碗時，明確地指出「有惡而且毒的瘡生在那些有獸印記，拜獸像的人身上」。

換句話說，落在第一碗中的人，並非指貨真價實的拜獸的無神論者，倘若是一個拜獸、拜獸像、受獸印記三樣齊全的人，早已是天使宣佈的下火湖的對象了，不會在第一碗中被提及的。

一個人若從一個無神論者變成一個有神論者，聖經把之稱為名字記在神生命冊上的人。但倘若後來這個人的行為舉止，實際上又退回到無神論的位置，那麼神就會把其名字從生命冊上塗抹掉。

在這裡講到，「有惡而且毒的瘡生在那些有獸印記，拜獸

像的人身上」，是因爲「獸」帶有被名利情慾牽引的含義，所以，哪怕是名字曾經記在神生命冊上的人，仍然存在著中招而掉進魔鬼陷阱的危險。

聖經原文字典指出，「獸」的眞正含義來自「陷阱」。也就是說，獸本身扮演著雙重的角色，一方面它像獵人一樣，佈設陷阱等著無知的獵物自投羅網；另一方面它又是身處陷阱的受害者，因爲它也是受魔鬼操縱、玩弄和欺騙的對象。

對於曾經不拜獸而後來變節的人，神仍然爲這些人保留了一個眞心悔過，重新做人的機會，這就是落在第一碗中之人的眞相。並且神爲他們設定一個以觀後效的監察期，若執迷不悟死不悔改的話，最後從生命冊上被抹去名字，成了與「三不」完全無緣的人，最後被扔進火湖就是免不了的事。

這就是在第一碗中隱藏著的神的恩典，令人難以測透，感歎不已。因此而來，我們就可以看到，哪怕是在世界末日人口大淘汰的期間裡，神仍然留給人類反省悔改的機會，讓越多越好的人最後得以脫離世界末日的厄運，走進光明

的大同世界。

2、「三不」在未來世界中不同凡響的作用

人類數千年來的歷史已經證明，所謂江山易改本性難移，不管是封建獨裁的王朝，還是民主自由的制度，無論是資本主義做主，還是社會主義當家，都無法改變人一己之私的本性，從而也就無法解決地球人口及生態環境，處於陰陽五行平衡共存、發展的狀態。以及，無法徹底改變和處理社會中，越來越離譜的窮富差別的難題。

那麼，怎樣才能徹底地解決這一個爛攤子留下的所有手尾呢？

只有聖經為我們提供正確的答案，正如《啟示錄》第 20 章，記載了《啟示錄》的作者約翰所看見的：

我又看見幾個寶座，也有坐在上面的，並有審判的權柄賜給他們。我又看見那些因為給耶穌作見證，並為神之道被

斬者的靈魂，和那沒有拜過獸像，也沒有在額上和手上受過他印記之人的靈魂，他們都復活了，與基督一同作王一千年。這是頭一次的復活。其餘的死人還沒有復活，直等那一千年完了。在頭一次復活有分的，有福了，聖潔了。第二次的死在他們身上沒有權柄。他們必作神和基督的祭司，並要與基督一同作王一千年。

在這段經文裡面，一開始就讓我們看到，所有達到「三不」標準的人，都在神的寶座前亮相。就是這些人，將成為「一千年」，也就是千禧年時代大同世界的管理者。他們將跟隨耶穌從天上一起降臨到人間，行使其「用鐵杖轄管萬國」的職任和權力。

想一想，這些人都是從死裡復活的，第二次的死在他們身上沒有權柄，也就是成了中國人傳說中的「神仙」。作為一個瀟灑的神仙人物，誰還會去在乎地上的名利地位、榮華富貴呢？所以絕對不必擔心這些從「三不」出來的人，還會貪污腐化，要費盡心機去打老虎或抓蒼蠅。窮富差別之間的距離，馬上就歸於零了。

甚至於，你也不必當心接下來人工智能越來越厲害，弄不

好有一天就會把人類給「吃」了。因為，這些不必吃人間煙火的「神仙」們，再厲害的機器人也只能給之當馬騎，哪有造物主害怕受造者之理，同理，哪有神仙們對付不了的人工智能？

想一想，當人類的大環境進入了不可思議的世界大同——沒有隱私可言的「神仙」時代，就算人貪婪的本性仍然難以除根，哪有一個人明知逃不過大數據的「千里眼」和「順風耳」，卻還願冒天下之大不韙，違法亂紀為自己製造早點下地獄的機會呢？或者，就算非法收入可以深埋地下，卻分毫不能挪用，恐怕成了繩之以法的罪證，那還有誰想走上貪污墮落之淒慘之路呢？

所謂「江山易改，本性難移」這句話，到了千禧年也得改寫了。因為大環境一變，人的本性也不得不變；但是人的本性也的確難改，所以聖經明言，當千禧年完了，撒旦從無底坑中被放出來時，地上又有一幫人跟隨它造反，直到他們最後都被扔進了火湖。

這就讓我們清楚地看到，千禧年時代的大環境，對於撒旦及所有跟隨他的人，就是把之捆綁得一點也動彈不得的所

謂「無底坑」，相當於把原來並不容易改的「江山」給改了，所以人難移的本性也不得不移，直到千禧年結束了，才給了人再一次暴露自己本性的機會。

明白了這一點，你才算眞正認識到世界末日及世界大同的眞相。倘若人在世界末日到來的階段，不尋求改變自己，就會跟不上時代潮流的步伐，成爲被整頓的人口而提前出局；當千禧年結束之日，若人的生命素質不合格，同樣也會被淘汰進入第二次的死。

歸根結底，任何一個來到地球「寄居」的人，其終極之目標都是爲了提升自己的生命品質。當離開人間的時候，是以「三不」的身分到天堂報到，還是最後作爲垃圾人口被丟進火湖，那是每個人根據自己的意願，自由地作出不同選擇的結果。

3、世界大同的美麗圖畫

在《格庵遺錄》中，描繪了一幅人類進入了世界大同之後

的美麗圖畫：「當上父母千壽，膝下子孫萬歲榮，天增歲月人增壽，春滿乾坤福滿家，願得三山不老草，拜獻高堂鶴髮親，祈天禱神甘露飛，永生福樂不死藥」。

這與聖經《以賽亞書》中所說的，在千禧年裡，「其中必沒有數日夭亡的嬰孩，也沒有壽數不滿的老者。因為百歲死的仍算孩童，有百歲死的罪人算被咒詛」，恰好不謀而合。活在世界大同裡面的人，不但老年人健康長壽，而且子子孫孫都蒙受了極大的祝福。

因為，那時挖除了私有制度的根，人的靈魂意識與身體處在一個十分和諧的狀況之中，加上科技的高度發達，所以根本就不存在著什麼養老等死的問題；而子女也並非屬於私人的產業，從其出生的護理到一路的成長和教育，都是交給社會上具有愛心的專業人士在負責，這樣必然從根本上滿足了人口質量不斷提升的要求，加速了人類文明升級的速度。

當那日子到來的時候，正如聖經所言，「豺狼必與綿羊羔同居，豹子與山羊羔同臥。少壯獅子與牛犢，並肥畜同群。小孩子要牽引他們。牛必與熊同食。牛犢必與小熊同臥。

獅子必吃草與牛一樣。吃奶的孩子必玩耍在虺蛇的洞口，斷奶的嬰兒必按手在毒蛇的穴上，在我聖山的遍處，這一切都不傷人，不害物。因為認識耶和華的知識要充滿遍地，好像水充滿洋海一般」。

地球的生態環境，處在這樣一個天地人十分和諧的氣氛中，平安、喜樂和幸福必定時時處處與人相隨。這正是當地球人口控制在一個適當平衡的狀態，人口的品質又不斷提高帶來之欣欣向榮的景象，是當今的人類用血淚的代價，換取在瘟疫和戰爭之中，把世界末日變成世界大同天淵之別的結果。

在《格庵遺錄》的「隱祕歌」裡，還記載了這樣的詩句，描繪了一幅世界大同的美好圖畫：「萬物苦待新天地，不老不死人永生，不耕田而食之，不織麻而衣之，不埋地而葬之，不拜祀而祭之，不乘馬而行之，不食穀而飽之，不流淚而生之，不飲藥而壽之，不交媾而生之，不四時而農之，不花發而實之」。

它的意思是說，萬物在苦苦等待的新天地終於來到了，活在裡面的人不老不死得享永生，不種地就有飯吃，不織布

就有就衣穿，人死了也不必埋在土裡就可以處理，不必擺供品就可以祭拜，不騎馬就可以到處隨便走，不吃東西也會飽，不經受痛苦也可分娩，不吃藥也可以長壽，不必交媾也可以受孕和生產，不照四時的季節也可以務農，植物不開花也可以結果。

實際上，裡面所描述的種種鏡頭，當前的人有不少已經親眼見過，只不過一進入了大同世界，隨著人工智能日新月異的飛快發展，未來的景象的確不是現在我們所能想像的。但是，早在五百年前的作者，就能如此生動具體地為我們描繪了，一幅與當今社會完全吻合的圖畫，就讓我們對未來的大同世界，更充滿了無限的期望和信心。

七、未來的世界大同到底是何樣？

八、一份與世界末日有關的時間表

上面我們已經簡單明了地為讀者闡明了世界末日的真相，以及對世界大同的展望。接下來的這一個部分，我們打算談一下在《格庵遺錄》一書之中，隱藏了一份與世界末日有關之時間表。

也就是說，無論下來的世界末日是以瘟疫、戰爭或其他什麼方式進行，也不管其殺傷力有多厲害，《格庵遺錄》提供了一份相當詳細的，有關末日事件發生的時間明細表。由於其時間的推算是以陰曆的天干地支為依據的，所以實際上的預言時間，就存在著可以變動的彈性空間。

但是，借著對不同篇章中所提到的某一個時間點，彼此加以比較的結果，我們還是可以大體上肯定這些預言時間的確定性。所以，下面我們就把從《格庵遺錄》整理出來的資料，包括對照聖經中的相關記載，以及參看家喻戶曉的預言書，比如出自唐朝李淳風、袁天罡之手的《推背圖》，

及聞名中外的法國大預言家諾查丹馬斯，所寫的預言詩集《諸世紀》等等，為大家提供了一份末日走向的時間表，僅作參考之用。

1、所謂的先入、中入、後入三階段

在《格庵遺錄》一書中，不斷出現「先入、中入、後入」的字眼。它把末世最後的一段時間，分為「先入、中入、後入」等三個階段。而這裡的「入」字，它時不時用「動」字代替，也就是有所行動的意思。

這個階段的具體時間，若按十二地支的次序排列，先入為「辰巳午未」，也就是 2024—27 年；中入為「申酉戌亥」，也就是 2028—31 年，而後入為「子丑寅卯」，也就是 2032—35 年。

有了這樣一個時段差別的概念之後，接下來你還要明白，《格庵遺錄》中所講的「先入」，並非帶著先知先覺的褒義，而是恰恰相反，「先入」帶有懵懵懂懂，身在其中卻不

知何去何從的味道。特別是習慣於明哲保身的人，一見兵荒馬亂就更在意如何積物囤貨，這原是人的本性無可厚非，但《格庵遺錄》卻指出，這一招「先動」現在不頂用了。

人在末後的日子裡，最終會喪命的原因，常常是明知身外之物救不了自己，但卻始終割捨不了，與名利地位、人情世故糾纏不清的那一段情。

而「中動」之所以被肯定，那是落在這個時段的人，心知肚明已經走到人之盡頭的時候，唯有低下頭，跪下來向神求救一路可走了。如此一來，人活著進入千禧年的機率就大多了。退一萬步說，就算你的肉體照樣死了，但靈魂卻可以得救，不必死後在地獄裡飽受煎熬，那不就值了嗎？

最後的「未入不動」，意味著執迷不悟一個勁撞死胡同，哪怕在「子丑寅卯」這個時段的最後一年──2035 見到耶穌基督的降臨，也後悔不及無濟於事了。

2、「五運」的內涵

在《格庵遺錄》中，提到了一份與末日時間表有關的五運圖，它是這樣說的：一運論則，赤血千里，四年間，二運論則，赤血千里，二年間，三運論則，赤血千里，一年間，四運論則，赤血千里，月間，五運論則，赤血千里，日間。

你可以看到，每一個運都離不開「赤血千里」此一片語，也就是說「赤血千里」是這五運的中心點，所謂的「赤血千里」是對著 2026 丙午年而言。這好比時代就騎在一匹千里馬上面，可想而知它帶來的變化有多快。

這五運與人類要進入千禧年的命運息息相關。就時間而言，一運為期在四年間，二運為期在二年間，三運為期在一年間，三個運加起來共 7 年。

如此一來，如果以 2026 為中點往前推，一運相當於從 2019—22 年，那是新冠病毒一直在當主角的時段；二運是 2023—24 年，它是《格庵遺錄》所說的等著瞧，將有重大事件

發生的時段；三運的一年指 2025 年，《格庵遺錄》一口斷定三八線的消失、南北韓的統一，必定發生在 2024—2025 年期間，從秋天到春天這段日子。若不是在 2024 年應驗，那就離不開三運的 2025 年了。

接下來的四運爲月間，五運爲日間。這兩個運的時間到底有多長，以及從什麼時候開始，雖然《格庵遺錄》沒有明說，但如果以 2026 爲中點計算的話，接下來四運和五運的時段必定落在 2027—2033 這 7 年裡。

值得一提的是，四運及五運都沒有提到與「月、日」有關的細節，然而從「月、日」的含義，我們可以想到四運的「月」是落在「黑夜」的光景裡，儘管月有盈虧明暗不同的差別，但「黑」的味道始終不變；而「日」則不一樣了，它的曙光爲人帶來盼望，特別是耶穌降臨的日子，將如同旭日東昇，一掃所有的烏煙瘴氣。

所以，四運和五運的內涵無非告訴我們，前面的四運是愁雲慘霧的黑暗時期；後面的五運卻讓人看見了美好盼望的曙光，挺過黎明前最暗的時刻，一切就完全不一樣了。

從《格庵遺錄》的整體性來看，及結合其他預言書所揭示的，在未來的日子裡，若人能越過 2031 這一道最黑的「死坎」，過了 2033 年，大體上就不會有什麼大問題了。以上對五運所包含的具體時間的推測，僅供參考。

3、一個大約四年的時段

在聖經的《啟示錄》中，提到了一個空前絕後的所謂「大災難」期，它是以 1260 天、42 個月、一載二載半載，也就是三年半加以表達。它們之所以用年、月、日不同的時間單位表示，主要是為了提醒我們，當面對所謂的大災難，每個人選擇走什麼樣的路，會影響到自己最後的人生結局。

這裡需要特別指出的是，所謂的「大災難」，實際上是「大迷惑」的代名詞。這就好比人像青蛙一樣被放在溫水裡慢慢地熬，什麼時候死了還不知道是怎麼一回事。這就是聖經為什麼一直提醒我們，當世界末日來臨的時候，假基督、假先知比比皆是，吸了「迷魂香」的人無不中招，要

不是神出手相救，恐怕這世界上沒有一個人得以存活。

所以，唯有那些抬頭看得見太陽的人，才知道這 1260 天該怎麼過；而落在迷糊不清中的人，則像活在黑夜之下，縱然也有月圓月明的時刻，但 42 月一直與黑夜打交道的人，還能算是一個正常的人嗎？

而「一載二載半載」的「載」，在聖經原文中實際上是指「節期」，也就是說，在這三年半的期間裡，若人對自己的所作所為一點危機感都沒有，甚至於天天像過節一樣，就歡天喜地盡情享受人間的種種樂趣。那麼，當你被大環境的劇變敲醒過來的時候，可能想後悔也來不及了。

在《格庵遺錄》中提到了一個大約四年的時段，也許就是對著《啟示錄》中講到的三年半說的。它所指的具體時段是從龍年到羊年，即 2024 甲辰年至 2027 丁未年。

而且，它還特別強調每個人若要選擇走活路，而不是死路的話，千萬不要忽略在 2024—2027 年這個時段所發生的事。否則，即使後來想從獸的「陷阱」中逃出來，恐怕也沒有機會了。

可見，在末日的開始選擇走什麼樣的路——是神的路，還是「獸」的路；當末日結束的時候，就到達了生死各不一樣之目的地——世界大同所代表的生，及火湖所代表的第二次的死。這兩者是截然不同的。

這與神要在末世整頓、清理地球人口，提升人類素質的大方向是不謀而合的，所以每個人都要好自為之才好。

4、拭目以待的兩年

在《格庵遺錄》中有一首「三八歌」，是專門講韓國被三八線分為南北兩半的，裡面講到：「十線反八三八，兩戶也是三八，無酒酒店三八，三字各八三八」，這四句解讀為「板門店」三個字；

「左右相望寒心事，兩虎牛人奮發下，破碎三八役事時，龍蛇相鬥敗龍下」。這四句是指，在共產世界的支持下，1950 年爆發了朝鮮戰爭，北韓突破了三八線，把南韓壓到了南端的釜山呻吟；

而最後的兩句「龍一起無三八，玉燈秋月三八日」，是指來到了 2024 龍年至 2025 蛇年，秋天至春天的時段，三八線的界限就會被打破，南、北韓就會重新合在一起。

過去的事都講得很準，而往後南、北韓統一的事就拭目以待了。這也是對《格庵遺錄》所發之預言的準確性的一次檢驗，不必等太久的時間，很快就可以看到答案了。

5、最慘的一年

照《格庵遺錄》所言，在世界末日整一個時期之中，最淒慘的一年可能要算是 2031 辛亥（豬）這一年了。那時，有的地方會碰到千祖一孫的厄運，換言之，一千人僅有一個人存活下來。

《格庵遺錄》第五十九篇這樣描寫了此一無與倫比的慘景：聖壽何短不幸（之），天火飛落燒人間，十里一人難覓（也），十室之內無一人，一境之內亦無一人，

意思是說，來到了末世的最慘時刻，人才知道生命是何等的短暫。「天火飛落燒人間」，是指超級病毒像天火一樣在人間降落，十里之內難找到一人，十室之內無一人，一境之內亦無一人，如此慘烈的狀況，現在的人誰能想像得到呢？

然而，值得一提的是，照猶太拉比的說法，一個先知所發的預言，如果是吉利的，通常都會應驗；但如果發出的預言是凶的，則不見得會應驗。因為神留給罪人悔改的機會，若最後人真心悔改，神可能會放人一馬，結果原先所發出的預言也就不準了。

依據這樣的原則，倘若《格庵遺錄》中，有關世界末日的時間預言不準的話，那可能也是碰到類似的原因，神憐憫地留給世人最後悔改的機會以觀後效。若真心悔改的人多了，則可能緩慢或消除原來所預定的「凶時惡日」。

這乃是解讀任何預言的正確方向，及對預言要人悔改歸正之用意的深刻理解，而不是本末倒置，一味以尋求預言的答案是否正確為目標。

八、一份與世界末日有關的時間表

有了這樣的一個時間表，你就相當於開車時帶了地圖和指南針，雖然不像全球定位系統 GPS 命中率那麼高，但起碼不會在當前的信息迷魂陣中弄錯了方向，不就值了嗎？

6、隱藏在《詩篇》號碼中的奧祕

最後，再結合聖經的《詩篇》，跟你介紹一下如何把《格庵遺錄》的時間表，與聖經中的數字連在一起，去挖掘隱藏在其中的種種預言的奧祕。

有一位已經過世名叫 J.R.CHURCH 的聖經學者，他在世之時寫了一本書，名叫《隱藏在詩篇的預言》。該書揭示了他的一個發現，在聖經的《詩篇》中，隱藏了不少與人類歷史有關的預言。而且，這些預言所指的年分是與詩篇的篇數號碼息息相關的。

比方說，詩篇 17 的內容與 1917 年第一次世界大戰中的歷史事件有關；詩篇 44 與 1944 年第二次世界大戰時，希特勒對猶太人的大屠殺有關等等。

照此不成文的規律，我們來看詩篇 117、118 和 119，它們就一一對應於 2017、2018 及 2019 年。那麼，這些年到底有什麼特別的事發生呢？

我們先來講詩篇的一個十分特別的結構。在整本聖經中，詩篇 117 是篇幅最短的，總共只有 2 節經文，而且，整本聖經一共有 1189 章，詩篇 117 剛好是處於居中 595 章的位置，它對應於 2017 年。2017 年有什麼特別之處呢？它已經過去了，似乎並沒有看到它有什麼驚天動地的作為。

但是，你要知道，用以寫聖經的希伯來文有一個特點，那就是每一個字母都是可以算的。由此一來，聖經的第一節經文——《創世紀》第 1 章第 1 節的數碼（即整節經文的字母相加的總數）是 2701；聖經中講到挪亞時代的大洪水到來的日子是 2/17；聖經中唯有提到一個女人一生的年歲，她就是亞伯拉罕的妻子撒拉，代表全人類，一共活了 127 歲。

在聖經的數字系統中，2017、2701、217、127 這幾個數字都同屬於一個數系（即其中的 0 不算，其他的數字都一樣，叫同一數系）。同一數系的數字意味著它們就像家族之

中的成員，彼此之間有著密切的關係。

由此一來，你就可以明白 2017 這一年實際上並不簡單，它是人類死裡復活的一個新的起點，就像 2/17 從天而降的大洪水一樣，要洗刷舊世界一切的殘渣餘孽，把人類帶進世界大同的新時代。數字 2 帶有「分別」的含義，所以你看到詩篇 117 只有 2 節經文，就是告訴人一個與前有別的新時代終於到來了，世界大同的美夢就要成真，你要高興起來才對。

那麼，詩篇 118 所對應的 2018 年又有什麼特別之處呢？

聖經的章節號碼是人後來才加進去的。照著人的的算法，聖經共有 31103 節經文，其居中的一節是 15552，應該落在詩篇 103 的第 2 節：我的心哪，你要稱頌耶和華！不可忘記他的一切恩惠；

但照神的算法，整本聖經居中的那一節經文，就落在詩篇 118 的第 8 節——「投靠耶和華，強似倚賴人」。它的真實含義是指出，人算不如天算，就拿計算聖經節數來說，還是神說的才算數。

儘管，我們並不知道祂是怎麼算的，但這卻告訴我們，從 2018 這一年開始，我們就要開始在許多小的事上去經歷謀事在人，成事在天了。現在我們已經知道，實際上這是針對著小頭無足的冠狀病毒說的。

「投靠耶和華，強似倚賴人」，這是神在確定詩篇 118 第 8 節，乃是整本聖經之中心點的原因。如果人類要戰勝任何病毒，不要忘記投靠耶和華，祂才是真正解決一切問題的源頭。

最後，我們再來看詩篇 119，它是整本聖經中節數最多的篇章，一共 176 節，而且是每 8 節成為一個單位，照著希伯來文的 22 個字母的順序排列。它對應於 2019 年，標記著從這一年開始，人類歷史就跨進了一個空前絕後的時段。所以，冠狀病毒接下來會與人類不斷地同存共舞，恐怕是一個難以改變的事實了。

119 這個數字，與 911 是同一個數系，使人馬上想到了美國緊急求救的電話號碼 911，及 911 的恐怖事件，這是在提醒當人處於世界末日的危機裡，一有急難就打 911 的號碼向神求救，才是最明智的做法！

九、修改版的〈好了歌〉

在中國的四大名著之一的《紅樓夢》中，有一首不少人都聽說過的〈好了歌〉，頗帶有佛教、道家看破紅塵的味道。當本書到了行將結尾的時候，我們想借用這一首〈好了歌〉，把之改成半新的版本。

所謂的「半新」，是說原來的〈好了歌〉一共有八行，現在我們保留原來版本的第一、三、五、七行一字不變，僅對其第二、四、六、八行，進行了內容完全不一樣的修改，所以算是「半新」的修改版。

我們之所以這麼做，是為了向大家說明，人類歷史走到了現在這個位置，是要與過去的歷史分道揚鑣的時候了。所以，原來〈好了歌〉的奇數行，相當於代表過去的歷史；而重新修改的偶數行，則代表人類即將進入的大同世界，兩者的概念是完全不一樣的。

並且，我們會照著修改的文字，結合前面所講的內容和觀

點，爲讀者作出一番補充的解讀，也算是對本書最後作下小結吧。

首先，請看〈好了歌〉的原版：

世人都曉神仙好，惟有功名忘不了！
古今將相在何方？荒塚一堆草沒了。
世人都曉神仙好，只有金銀忘不了！
終朝只恨聚無多，及到多時眼閉了。
世人都曉神仙好，只有姣妻忘不了！
君生日日說恩情，君死又隨人去了。
世人都曉神仙好，只有兒孫忘不了！
癡心父母古來多，孝順兒孫誰見了？

接下來的是〈好了歌〉的修改版：

世人都曉神仙好，惟有功名忘不了！
爲神執杖在人間，田田這邊死不了。
世人都曉神仙好，只有金銀忘不了！
凡事實行需要制，田田這邊用不了。
世人都曉神仙好，只有姣妻忘不了！

恩愛不必爭朝夕，田田這邊憂不了。
世人都曉神仙好，只有兒孫忘不了！
公眾產業非落單，田田那邊生不了。

修改版中的「田田」二字，是出自《格庵遺錄》一書，「田」是經常出現在該書的一個字眼，它的意思是指「世界」，而兩個「田田」連在一塊，帶有「分別」的含義，所以可以把之理解為新的大同世界。同時，「田田」是「甜甜」的同音字，那不正好與大同世界的特性一拍即合嗎？接下來，就跟你解釋一下修改版中一些詞句的含義。

1、**為神執杖在人間，田田這邊死不了**

在以上談到有關「三不」的信息時，我們已經說過有份於第一次復活的人，他們將跟隨耶穌在千禧年裡面，拿著代表權柄的鐵杖管轄萬民，這就是「為神執杖在人間」的意思，而這些人是不會受第二次死之害的，所以說「田田這邊死不了」。

這與原版的好了歌所說的「荒塚一堆草沒了」，相比之下，味道就變得完全不一樣了。在一個人的三觀裡面，生死觀是最主要和最重要的，如果過得了這一關的話，其他的問題必將迎刃而解。所以，現在流行的口頭禪是：沒有什麼比身體健康更重要，如果沒了命，什麼都是假的。

然而，倘若人在未來的大同世界裡，看到那些死不了的「神仙」們，各就各位地在地球上執行任務，人死如燈滅的「神話」自然破滅。那時，相信人的口頭禪就會變了：沒有什麼比靈魂的歸宿更重要，如果被丟進火湖，這次的死就是真的沒命了。

2、凡事實行需要制，田田這邊用不了

這裡所提到的「需要制」，是指共產主義所主張的最高階段的分配原則，即所謂的「各盡所能，按需分配」。實際上，只要人類社會的私有制之根一天不拔除，就不可能實行這種按需分配的原則。

自從共產主義的思潮在上個世紀二十年代，在世界上生根發芽、不斷成長以來，至今已經跨過約一個世紀之久。聖經上所用的「敵基督」，其中之「敵」字，它帶有「之前」的意思，也就是說，它乃是指在真正的基督到來之前，有一些人以假基督的面貌出現，以假亂真是千禧年到來之前的一種社會現象。

可以說，共產主義運動正是這樣的一種敵基督的社會運動，其發起人大都跟猶太人或基督教有著一定的血緣關係。由於這種思想來自於聖經千禧年的觀念，所以在開始革別人之命的時候，都表現得相當不錯，甚至於獲得了不少民眾的認同和支持。

然而，無產階級一旦成了執政掌權者，就無法超越人類墮落的先天人性，甚至於貪污腐化的程度，比先前的人有過之而無不及，越來越走向真善美的反面。這就是當前我們所看到的人類社會的真相。

幾千年來的人類歷史表明，只要人類的生活大環境不改變，必定導致人的三觀也不容易徹底改變。那麼，不管是以什麼樣的政治體制出現，人類社會都無法逃脫換湯不換

藥，一直在輪回不休的惡性循環中打轉。

而這種狀況，只有進入到大同世界之後，才能得到徹底的反轉。因為，那時隨著人工智能的高度發展，人越來越認識到思想意識與物質之間，密切無間的關係和轉化互變的規律。

現在人視為貴重的金銀財寶，到那時真的成為「用不了」的東西。每一個人所需要的生活必需品隨時隨地都可以得到，根本就用不著「分配」。

因為，「需要」與「想要」是不一樣的。在大同世界裡，人的精神層面已經上升到「用不了」的東西就不想用，需要的東西則隨時隨地到處都能得到，還用得著去分配嗎？你想，大部分人現在面對的問題，是「面子」比「肚子」更難養。因為，它牽連到人的價值觀。一個人整天在考慮怎麼樣活著才有面子，以及怎麼樣去維持已經有了的面子，那種離不開名利地位的價值成本肯定是大的。

倘若一個人進入了大同世界，其思想境界已經達到了「神仙」的瀟灑層次，一旦連「面子」都不必耿耿於懷了，還

會整天在意該吃什麼、喝什麼，以哄飽肚子的需要嗎？這就好比，你已經走到了電梯間裡面了，還必要把手裡的重物，一直拿著不放嗎？

這就是未來的「田田」，與當今世界的最大差別了。思想觀念不改變，人就只能一輩子成為環境的奴隸；而活在大同世界裡的人，都是身處新的環境中，超越了過去的三觀，成為地球生態大環境的真正主人。

3、恩愛不必爭朝夕，田田這邊憂不了

這裡說的「爭朝夕」的「爭」，帶有兩層完全不同的含義，一是「爭吵」，二是「爭取」。

就爭吵而言，是說夫妻之間，早晚都不必吵吵鬧鬧了。現今的人際關係像蜘蛛網一樣，把人纏得頭昏腦眩，粘離兩難。尤其是夫妻、家庭成員之間的關係，更是雪上加霜、危機四伏、挑戰重重。

但是，一到了「田田」這一邊，就大不一樣了。因爲認識了神之大愛，所以過去鬧彆扭的夫妻，現在朝夕都活在恩愛中，就再也不必爭，要吵也吵不起來了。

而對於感情好的夫妻而言，因爲生活的情趣的確是太好了，彼此之間便捨不得離開，甚至於連死都想跟上天「爭取」，要走就兩個人一起走吧。

最近在報紙上看到一對夫婦的相片，及其相關的報導。男的是個老牧師，在最近的疫情中夫婦倆同時染病，結果妻子先走，隔 15 分鐘之後，丈夫也隨之而去。看到這對夫婦笑得何等坦然甜蜜的合照，實在令人羨慕不已。

令人感到欣慰的是，在天堂裡，這樣的夫妻肯定是又在一起的，並且，從此不必再分離的婚姻生活才眞正開始呢。就算在人間，只要進入世界大同的「田田」之人，也不必爲夫妻之間的關係擔憂受怕。

憂鬱症現在幾乎是一個比傷風感冒還普遍的「流行病」，特別是在夫妻及大部分的人際關係上，或多或少中招的人幾乎比比皆是。但是，只要跨過世界大同這個坎，一切就會

變得完全不一樣。因為，大環境的改變會促進每一個人思想觀念的改變，彼此和諧相處的日子必然來到，這就是「田田這邊憂不了」的時刻。

4、公眾產業非落單，田田那邊生不了

對這兩句話的理解，又回到了前面我們所說的，有關地球人口的控制及提升人口質量的問題了。

首先我們必須明白的是，在大同世界裡，帶著肉體在其中活著的人還是會生殖下一代的。但是，那時人類所生的子女，已經不是屬於任何一個人的私人產業。因為「三不孝，無後為大」或「養兒防老」的傳統觀念，在千禧年的時代並不適用。

從婦女的懷孕，嬰兒的出生，到孩童的教育，青年的造就，一系列新的想法和實施的方法，都不是現在的人所想、所知、所見的。一言以蔽之，一旦人類的私有觀念被徹底改變之後，一切原來人以為不可能發生的事，都從意

識層面的構想，轉化成物質層面的顯現。所以，任何「落單」把兒女變成自己的東西，或靠自己單獨的努力而出的想法或做法，都是行不通的。

值得注意的是，在「田田那邊生不了」這句話中，裡面提到的是「那邊」而不是「這邊」。所謂的「那邊」是指，它並不屬於「這邊」的範圍，但卻彼此有所聯繫，從「這邊」就可以看到「那邊」的實情。

換言之，「這邊」是指著在大同世界中，還帶著肉體而活的人；而「那邊」是指著天堂，住在其中的人都像天使一樣，是不娶不嫁的人。

所謂的「不娶不嫁」的含義，是指這樣的人即使在天上有著婚姻的關係，卻不會生孩子，也就是任何時候都沒有屬於自己的後代。

這就是為什麼我們一直強調，哪怕是在大同世界裡面，人也不應該把兒女當作自己的私有產業去看待。這樣才能適用未來在天堂裡「不娶不嫁」的生活。

而當千禧年結束之時，所有的人都通通復活了，那時不管復活後的人，其最後的歸宿之地在何方，「那邊生不了」肯定是一個不變的事實。如果你還想進一步探討地球沒了之後，宇宙中的生靈又是怎麼一回事，那可就不是本書要探討的範圍了，請原諒就此停筆。

最後，以一首基督徒的經典詩歌《在那邊點名的時候》，作為本書的結束，願那邊點名的時候，您也在其中。

主耶穌回來時候，必要高聲吹起號筒，那時候何等光明，美麗莊重，凡世上得救的人，一同相會在主明宮，在那邊點名我亦必在其中。在那邊點名的時候，我亦必在其中。

後語

下面，我們爲讀者揭開本書最重要的奧祕，爲什麼書名叫
《洞穴之光》？

用以寫聖經的希伯來文和希臘文的特點是，每一個字的後
面都有其字根或字源可查，以便讀者能夠尋根探源，打破
沙鍋問到底地了解每一個字的正確含義。

而且，查考聖經時又常常離不開一個必須留意的原則，那
就是所謂「第一次出現」的原則。也就是說，每一個字在
聖經原文中第一次出現的經文，通常都帶有獨一無二的定
位作用，是其他經文無法代替的，並以此作爲解讀該字的
思考方向的依據。

由此一來，我們發現有一個字的字根是與「洞穴」連在一
起的，同時它又與「鐵」連在一起；此字乃是一個人的人
名，它第一次出現的經文是《歷代志上》第 7 章第 31 節：
「比利亞的兒子是希別，瑪結。瑪結是比撒威的父親」。這

節經文中的「比撒威」一名，其字根就是「洞穴」，而且在整本聖經中，此名就僅僅出現過一次而已。

那麼，這其中到底隱藏著一些什麼重大的奧祕呢？

原來，這「鐵」字就是人類即將進去的千禧年，也就是大同世界的代名詞。也許，「比撒威」本身無法說明什麼問題，但若從上一節經文看起：「亞設的兒子是音拿、亦施瓦、亦施韋、比利亞，還有他們的妹子西拉」，直到下一節：「比利亞的兒子是希別、瑪結。瑪結是比撒威的父親」，就可以清楚地計算出，從亞設來到比撒威，一共出現了9個人的名字，這些名字都是有特定含義的。

其中，亞設是幸運、音拿是富裕、亦施瓦是同等、亦施韋是相似、比利亞是行惡、西拉是豐富、希別是連接、瑪結是我主是神、比撒威是洞穴。

而且，數字 9 帶有大結局的含義，這暗示說比撒威這個「洞穴」的出現，是與人類的大結局有關的。若把以上這些名字的含義串起來，可以看到它們所要表達的含義是：

幸運的亞設生了音拿、亦施瓦、亦施韋、西拉等四個同樣好的兒女，只有比利亞是行惡的，但此惡人的兒子希別、瑪結是與神同行的人，而「我主是神」乃是「洞穴」——比撒威的父親。

由此，我們可以看到比撒威的祖父比利亞是個行惡的人，而他的父親瑪結卻是一個稱「我主是神」的人，這說明能進入千禧年的人，從其祖、父輩而來的先天基因可以是惡，也可以是善，而本身好比是個身處洞穴的人。

人到底是選擇一直活在黑暗的洞裡；還是奮不顧身地爬到洞口，借著洞穴之光看到洞外海闊天空的另外一片天地，並且最後徹底離開黑暗，完全取決出自于每個人之自由意志的選擇。

在本書的第一個部分，即「但以理眼中的大像」的信息之中，我們指出這個由金、銀、銅、鐵、泥做的大像，代表人類歷史在一段頗長時期之走向。最後被從天而降的石頭砸得粉碎，成如夏天禾場上的糠秕，被風吹散、無處可尋。而打碎這像的石頭，變成一座大山充滿天下，也就是對著世界大同的嶄新時代而言。這是我們從第一個層次看

到的內涵。

然而，實際上我們還可以從更高、更遠的層次，這樣來看大像的內涵：

金頭對應人類始祖亞當所在的時代，那時的人和神有著密切的關係，就像黃金一樣的閃閃發光，並且不少人都活了近千歲，就像中國人傳說中的彭祖一樣；

銀胸則對應自從耶穌降生之後，約兩千年的人類歷史。「銀胸」代表神對人的憐憫及廣闊的心胸，祂對人類的救贖從來就沒有停留過，為的是把越來越多蒙恩得救的人，帶回當初的伊甸園。

而銅腰呢，則可以說是對應於從 20 世紀至今的歷史階段。聖經的原文字典指出，「銅」與「蛇」有著牽扯不清的關係，同時又代表審判，這正是這個時代的特點，由無神論所代表的「銅蛇」，一方面像伊甸園中的蛇，不斷迷惑和煽動人去犯罪與神對抗；另一方面神又借著審判和憐憫，讓人類歷史的車輪彎彎曲曲向前滾動。

腰是人體中最大及最重要的關節，相當於人類的歷史已經走過了「前半身」，現在就要過渡到「下半身」的時刻了。由此，我們現在及接下來要面臨的考驗何等重大，就不是什麼難以理解的事了。難怪，聖經上要用「從世界的起頭，直到如今，沒有這樣的災難，後來也必沒有」，如此空前絕後的的話加以表達。

如今，我們已經來到了由「鐵」所代表的千禧年，也就是世界大同的跟前了。好比大像的兩條長長的鐵腿，未來的歷史長河到底怎麼流，現在沒有誰說得清。但就像黑鐵可以變成愛不釋手的不銹鋼一樣，鐵的千禧年之前途，一定是銀光閃閃亮麗奪目。

直到千禧年接束之日，那是撒旦從無底坑中被放出來的時候，最後半鐵半泥的局面又會短暫出現，直到魔鬼和跟隨它的人最後都被扔進了火湖。人類歷史長篇大論的連續劇，才算終於來到落幕的一刻。

如此一來，我們可以清楚地看到，就總體而論，所有的人類，無非歸屬於三代。從人類的始祖亞當開始，到所有活在公元前的人都可以算是第一代；從耶穌的第一次降生之

後
語

日，即從一個新紀元開始之時算起，直到至今還活著的人都算是第二代；

隨著耶穌的第二次降臨，所有得以進入千禧年大同世界的人，就屬於第三代，而這一代人就是由比撒威作代表，從黑暗中走向光明屬於第三代的「鐵」人。

而此時此刻，我們正處於「洞穴」的出口位置。過往數千年的人類歷史，就像又長又寬的山洞，把人禁閉捆鎖在黑暗之中。本書之所以取名為《洞穴之光》，就是為了提醒所有活在當前，此一時代轉捩點上的人，若無知或明知故犯呆在黑洞裡一直不動，那最後被當做垃圾人口，被掃到地獄或火湖裡，恐怕是難以避免的事。

而敢於付出代價移步來到洞口，及昂首挺胸從洞口走出來的人，是勝過一切試探的得勝者，迎接您的就是世界大同的一片廣闊天地。

讓聖靈之光照亮您前面之路，最後得以從人類歷史漫長的山洞裡邁出洞口，像飛鷹一樣地翱翔在新鮮的藍天白雲之中，永不止息。

2021 年 10 月第一版
2023 年 9 月第二版

附：如果有什麼需要詢問或交流的，請用郵件聯繫：
yencpa4jesus@aol.com

後
語

國家圖書館出版品預行編目資料

洞穴之光／完成著. --初版.--臺中市：白象文化
事業有限公司，2024.2
　　面；　公分
ISBN 978-626-364-214-0（平裝）

1.CST: 言論集
078　　　　　　　　　　　　　112020617

洞穴之光

作　　　者　完成
校　　　對　完成
發 行 人　張輝潭
出版發行　白象文化事業有限公司
　　　　　　412台中市大里區科技路1號8樓之2（台中軟體園區）
　　　　　　出版專線：（04）2496-5995　　傳眞：（04）2496-9901
　　　　　　401台中市東區和平街228巷44號（經銷部）
　　　　　　購書專線：（04）2220-8589　　傳眞：（04）2220-8505
專案主編　黃麗穎
出版編印　林榮威、陳逸儒、黃麗穎、水邊、陳婥婷、李婕、林金郎
設計創意　張禮南、何佳諠
經紀企劃　張輝潭、徐錦淳、林尉儒
經銷推廣　李莉吟、莊博亞、劉育姍、林政泓
行銷宣傳　黃姿虹、沈若瑜
營運管理　曾千熏、羅禎琳
印　　　刷　百通科技股份有限公司
初版一刷　2024 年 2 月
定　　　價　220 元

白象文化　印書小舖 PressStore　出版 · 經銷 · 宣傳 · 設計
www.ElephantWhite.com.tw　f 自費出版的領導者　購書 白象文化生活館